Anton Kimpfler
Zur Bewältigung von Düsternissen
Aphoristisches Aufheitern

Anton Kimpfler

Zur Bewältigung von Düsternissen

Aphoristisches Aufheitern

AmThor

Umschlaggestaltung: Renate Brutschin

ISBN 9783934104679
© Amthor Verlag, Heidenheim 2022

www.amthor-verlag.de

Mutiger Leidenswandel in beständige Lebensfreuden

So viele Schmerzen, die Menschen einander zufügen, schreit das nicht zum Himmel? Genauso die persönliche und soziale Not auf Erden oder was der Natur angetan wird?
Auf keinen Fall darf uns dies unberührt lassen. Es sollte geradezu aufrütteln, um zu inneren wie äußeren Änderungen hinzuleiten.
Dann wäre das leidvolle Mahnen nicht vergebens. Erfahrene Pein kann positive Wandlungen in Gang bringen helfen.
So wird sich erst zeigen, daß keine Schrecklichkeit endlos sein muß. Vielmehr können wir dadurch aus Abwegigem herauskommen.
Zumindest uns von allzu kurzfristigen Genüssen oder gar Begierden lösen. Indem manche Individuen das Leid meiden und zuvielen Lüsten frönen, kann es sein, daß dies jemand anderer tragisch auszubaden hat. Beziehungsweise sie selbst ebenso nach einiger Zeit. Ganze Lachen von Tränen sind längst geweint. Unsichtbar ist ein Leidensmeer vorhanden.
Erst wenn wir vieles richtig ausgeglichen oder gutgemacht haben, kann größere Gelöstheit walten. Irgendwann wird die Tragik weichen und die Übel mögen besiegt sein.
Sofern wir genug daraus lernten bis ins praktische Verhalten hinein! Dann kann es heißen, daß am Ende ein Lächeln gewinnt. Aber bis dahin ist echte Umkehr nötig und unerhört viel aufzuarbeiten.
So hat es auch die kreative künstlerische Gestalterin Herta Boehm einmal ausgedrückt: Erlösendes Lachen kann im Raum kreisen, wenn die Starre besiegt, die tödliche Kälte des Herzens überwunden ist.
Echter Humor vermag jedenfalls beizutragen, um von festgefahrenen Falschheiten wegzukommen. Wer dazu nicht in der Lage ist, der bleibt sozusagen auf dem Trockenen sitzen.
Ja sogar in bösartiger Verbitterung. Das bestätigt sich an Personen wie einem Adolf Hitler. Dem fehlten echte spielerisch-humorvolle Qualitäten völlig,
Ähnlich gilt dies gegenüber politischem, religiösem oder sonstigem weltanschaulichem Fanatismus. Auch da wird es schnell bitterernst und kann tödlich enden.
Nicht selten tragen Elektroniknetze enorm bei zu dem Eiferertum.

Giftiger Spott oder Haß wird über andere Menschen ausgeschüttet und der Wahrheitsboden zum Schwanken gebracht.

Desto mehr wäre alles in lebendiger Weise wieder aufzulockern. Also sich nicht die ganze Existenz gewissermaßen versauern oder zumindest versalzen zu lassen.

Letztlich hängt dies immer auch mit eigener materialistischer Verkopftheit oder seelischer Vereinseitigung zusammen. Dadurch wird jede tiefere Lebensfreude gestohlen.

Um so wichtiger und lebensnotwendiger ist, was eine schöpferische Geistigkeit ermöglicht. Ihr kann es gelingen, jede auch noch so extreme Verzweiflung wieder zu besiegen.

Anders läßt sich die Jetztzeit und was sich dieser an äußerlichen Sackgassensituationen anschließt, überhaupt nicht aushalten. Eine freie kreative Spiritualität ist überall verfügbar – sofern wir uns dessen immer noch bewußter sind, was ins Ich als Pforte zu göttlicher Allverbundenheit hereinwirken kann.

Doch bedarf es dafür ständiger neuer Anregungen oder passender Anstöße. In diesem Sinn sind die folgenden aphoristischen Sätze gemeint.

Versucht wurde, die Gedanken aus Verfestigungen herauszuholen. Mit den Worten selbst ist neu ins Gespräch zu kommen.

Das kann bereits ein Anfang zum Herausdringen aus eigener Verstocktheit sein. Sowie der Einstieg in ein freudiges Mitschaffen lebendiger Weltgeistigkeit – von ihr und für sie.

Allverbunden

Soviel Wege zum Ich existieren, wie es Menschen gibt.

Mit ungefragten Ratschlägen bringen wir andere innerlich zum Rotieren. Die Seele gerät ins Radschlagen.

Das Individuum ist das Universellste.

Zur Ge-lassenheit gehört: Das Unpassende einfach gehen lassen.

Traum: Je vermeintlich klüger die Gedanken, um so mehr Ausmistarbeit in der Nacht ist nötig.

Ich bin das, was an der eigenen Person arbeitet.

Denken zeugt von unserem Herkommen aus dem Kosmos. Das Fühlen erlebt den jetzigen Zustand. Im Wollen erwirken wir ein Welt-Neuwerden.

Der größte Schatz der Erde ist das Herzensgold. Was wir aber entdecken, ja hervorbringen müssen.

Wenn wir das Dunkle im Anderen mehr ertragen, kann sich sein Lichtvolles besser zeigen.

Der ganze Mensch ist Sinn des Du.

Begegnung: Es strömt etwas von mir zum Anderen hin und ich empfange es bestärkt zurück.

Partnerschaft ist hartes Ringen, Liebe ein gelegentliches Gelingen. Freundschaft wird zum echten Aufeinander-Bauen.

Los vom Fatalen

Lebensgefährte: ein Mensch, der uns Gefährdendes im Leben bewältigen hilft.

Wenn ich schlecht über jemanden spreche, bleibt das vor allem an mir hängen.

Humor: Heiter sein trotz dem Todernsten, sonst hat es uns im Griff.

Ein souveräner Mensch kann auch Kritik verarbeiten, die er erfährt.

Frei naeh Friedrich Nietzsche: Immer ehrlicher lerne reden, mein Ich.

Nur wenn ich frei bin, kann ich wahrhaftig lieben. Und nur wenn ich liebe, kann ich die Freiheit bewahren.

Vertiefung nötig: Verstand haben viele, Verständnis eher wenige.

Gelöster mit einem Problem umgehen, kann schon ein Weg zur Lösung sein.

Nicht sich binden, sondern freien: sich gegenseitig noch freier machen.

Die Frage ist nicht, wie alt man wird, sondern wie man alt wird.

Rein und raus: Wird es reiner in uns, können wir weiter aus uns herausgehen.

Liebe ist die größte Macht auf Erden. Und die machtloseste.

Unverstellt

Nimmt jemand sich zu wichtig, erfährt sie oder er desto weniger von der Welt.

Wenn es einem nicht so gut geht, kann das gerade zu viel Besserung führen.

Wer zu sehr von sich erfüllt ist, verzerrt das Erleben des Anderen.

Das Leben treibt uns in die Enge, damit wir weiter werden.

Ein Egoist macht lieber entsetzlich lange Umwege, als etwas von seinen Nächsten zu übernehmen.

Zuviel Beschäftigung mit sich blockiert das Ich.

Wenn wir etwas hassen, zieht es gerade in uns ein.

Je mehr ich mich selbst werde, desto freier und liebevoller kann ich mit anderen umgehen.

Seelisch bereichert wird, wer im entscheidenden Moment offen bleibt, aber nicht außer sich gerät.

Ist Liebe vorhanden, bleibt auch das Sexuelle im Rahmen. Andernfalls bäumt sich etwas auf.

Inneres Gleichgewicht soll in Bewegung gebracht, aber nicht verloren werden. Sonst landen wir im Wahn.

Allzu verhärtete Leute werden vom Schicksal wieder weichgekocht.

Fürs Ich einstehen

Hingabe: Um einen anderen Manschen zu erreichen, muß ich von mir erst etwas geben.

Manche machen ihre Arbeit so fertig, daß sie dies fertigmacht.

Was wir nicht rechtzeitig ändern, wird gewendet durch manche Not. Doch müssen wir wendig damit umgehen, um frei zu bleiben.

Wir liegen um so falscher, je rechthaberischer wir sind.

Je mehr wir Gemeinsamkeit pflegen, desto stärker braucht jeder auch immer wieder ein Fürsichsein.

Selbständig: Ich kann mich als Selbst fühlen, weil viel anderes mir bei-steht.

Erfolgreiche Leute bringen oft ganze Welten in die Krise.

Wirkliche Größe hat auch die richtige Bescheidenheit.

Ich kann nichts machen? Nur das Ich kann was machen!

Wer zu sehr nach rechts ausbricht, wird ein Rechtsbrecher.

Ohne Freiheit kein wahres Ich. Ohne Liebe kein Weg zum Du.

Richtig aufeinander eingehen kann das größte Geschenk sein.

Aus und ein

Die meisten wissen kaum, was sie selbst wollen, aber ganz genau, wie andere sich verhalten sollen.

Typisches Zeitphänomen: Man tut fast nichts, aber es ist alles zuviel.

Unser Verstand möchte steuern. Die Vernunft kann bei Abwegigkeiten gegensteuern.

Wenn alles nur äußerlich funktionieren soll, werden wir im Inneren desto leerer.

Der Mensch durchläuft viele Veränderungen und bleibt dennoch sich selbst: durch das Ich.

Derjenige, der allen alles recht machen will, verfehlt sich selber schließlich völlig.

Je mehr viele Menschen haben, um so unmäßiger werden sie.

Wer zu sehr der Begierde frönt, bezahlt dies zunehmend mit Frust.

Besser Gutes tun und ein schlechtes Gewissen haben als: Unnützes treiben und meinen, alles sei in Ordnung.

Durch gute Kommunikation läßt sich erreichen, was niemand allein schaffen würde.

Oft hat der Mensch nicht Gefühle, sondern diese haben ihn.

Falls wir sehr rein mit Verwundungen umgehen: Höheres kann dann reinkommen.

Bedrängtes Glück

Wenn das Ego sehr groß ist, sind wir um so weiter weg von anderen.

Genug Muße nach sinnvollem äußerem Tun macht das Leben gehaltvoller.

Was ist das Gesicht? Die Sicht auf Geist.

Trauer festigt die Seele, Lachen lockert sie wieder auf.

Besser? Die idyllischste Situation des Lebens – und sich zu Tode langweilen. Eine umkämpfteste Phase – und sich am meisten entwickeln.

Erfahrung ist nicht, was uns zustößt, sondern was wir daraus machen.

Wir brauchen eine ausgewogene Weltenweite, um mit unseren herausfordernden Seelentiefen gut umgehen zu können.

Wer nicht ehrlich am Tage mit seinem Schatten zurechtkommt, wird in der Nacht von ihm geprügelt.

Nichts ist meisterlicher als das Schicksal. Genauso entscheidend bleibt, wie wir es bemeistern.

Mehr respektiert von anderen werden wir, wenn erst einmal sie von uns besser geachtet sind.

Liebe kann nur sein, wenn wir mögen und nicht müssen.

Je gewisser wir uns des Ich sind, desto mehr Gewissen haben wir.

Worauf bauen?

Jedes Individuum bringt Allgemeinmenschliches in besonderer Weise zur Erscheinung.

Nicht zu gelassen stehen bleiben: Sonst werden wir stehengelassen.

Egohafte Menschen: Wer allzu sehr an äußeren Werten hängt, den nimmt sein Ego in Haft.

Ohne die übrige Welt sind wir die gefährdetsten Wesen überhaupt.

Das Erkennen fügt hinzu, was den Sinnen zum ganzen Sinn noch fehlt.

Auf lange Sicht zählt nur die Liebe.

Wenn ich sinne, läßt sich das äußere Wahrnehmen von innen her bekräftigen.

Im Denken des Wahren wirken wir für alle. Durch Gestalten von Schönem ist die Umgebung zu berühren. Gutes läßt sich nur selber beginnen.

Immer wieder mal eine Auszeit nehmen. Sie kann nur aus Zeit bestehen.

Das Ich existiere nicht? Es ist das Wirklichste in der Welt.

Echte Liebe schafft einen Neuraum zwischen uns.

Der eigentliche Mensch: das Dazwischen von Kind, Frau, Mann und Älterem.

Umfassendes Wesen

Durch einseitige Neigungen wird sich der eigene Weg zu sehr neigen.

Keine Freude ist größer als die über ein Neugeborenes. Es bringt All-Änderung.

Wenn ich spiele, wird nichts und niemand gestört – nicht mal das eigene Wesen.

Das Kind ist voller Leben. Also bekommen wir auch mehr Sinn dafür.

Kleider weisen auf die Aura. Löcher in Hosen von Jüngeren: Weil sie selber in Angegriffenheiten stecken?

Nur das ist sinnvolles Wachstum: jenes in der Liebe.

Wenn jemand Fehler macht, ist er dennoch nicht ein solcher.

Beziehungsweise: soziale Kunst, das heißt auf weise Weise mit der Beziehung umgehen.

Jede Jugend hat Kämpfe zum Weiterkommen zu bewältigen. Wenn das nicht reicht, ist unsere Lebensmitte ein Krampf. Durch heilsames Lösen wird das Alter zum Tanz.

Die Nachkommenden übernehmen Aufträge von den Vorangehenden und bringen dies mit.

Wir denken mit dem Mond, reden durch die Kraft der Sonne und gehen mittels Sternimpulsen.

Viel-leicht? Viele Seiten gewahren, dann wird es leichter mit allem.

Zukunftsfreuden

Wahrheit baut auf und verbindet. Lüge trennt und zerstört.

Jemand hat ein schlechtes Gewissen wegen einer verkehrten Tat? Er besitzt gerade ein gutes Gewissen.

Wenn wir wahrhaftiger sind, nehmen die falschen Freunde ab.

Wer alles haben will, macht am meisten kaputt.

Die Leute sind besonders enttäuscht, die immer aufs Tun anderer warten.

Das einzig Kontinuierliche für mich ist: mein Ich.

Wer nur noch schuftet, wird ein Schuft. Er vermehrt Verstrickungen von sich sowie anderen und kann nichts empfangen.

Nur wo wir ganz rein fühlen, können wir uns einfühlen.

Der Gehorsame ist eher verdächtig. Aber wir sollten mehr gehörsam sein. Was heißen kann: das Hören zu etwas Samenhaftem machen.

Wer echte Freunde hat, bleibt nie ganz allein.

Positivität: ab dem Untergang der Sonne sich auf ihr neues Aufgehen freuen.

Gewandeltes Leid wird das höchste Glück.

Gegenseitiges Gedeihen

Fehler machen ist menschlich. Nichts aus ihnen zu lernen töricht. Sie vertuschen fatal.

Nationalistische Politiker sind die größte Gefahr für das eigene Volk.

Wo die meisten heute einen Defekt haben: im sozialen Wahrnehmen.

Wer nicht genug gefordert ist, macht viel Unsinn.

Das Herz kann in Resonanz sein mit der Gesamtsumme der Welt.

Zu unseren Aufgaben gehört immer wieder ein Sich-Aufgeben für andere.

Was die soziale Einsicht nicht vorwegnimmt, müssen beträchtliche Krisen ertrotzen.

Warum ist es oft so schwierig zwischen uns? Eine ganze Welt soll dazwischen Platz haben.

Nach Michail Gorbatschow: Wer zu spät kommt, den bestraft das Leben. Und wer zu früh kommt? Der opfert etwas zum Fortgang des Lebens.

Ohne Wahrhaftigkeit ist kein Vertrauen möglich.

Würde unsere Würde fehlen, könnten wir sie auch im Andern nicht erkennen.

Gute Freundschaft ist so etwas wie ein sozialer Edelstein.

Abstandsregel

Im reinen Denken ist alles ungeschieden. Über die Sinne bekommen wir Entscheidungsfreiheit dazu.

Eine Beziehung eingehen: Es zieht etwas an einem. Das soll uns nicht festhalten, sondern weiterbringen.

Wer sich zuviel mit seinem Leib beschäftigt ist wie eine Schnecke, die nicht aus ihrem Haus herauskommt.

Liebe: Keinerlei Trennung existiert mehr, auch wenn wir woanders weilen.

Am anderen Geschlecht erblicke ich die verborgene Seite von mir selbst.

Der Mann muß mehr fühlen, was er denkt – die Frau mehr denken, was sie fühlt.

Das Persönliche nie verleugnen: Jeder ist Schlüssel zu einem Weltteil.

Der Mensch nutze seine Kraft, um andere anzuregen. So daß die Welt neu befruchtet werden kann.

Ich bewahre die Liebe nur, wenn sie nicht zur Ware wird.

Manche erscheinen oft deshalb so schwächlich, weil sie zu sehr den Starken spielen.

Einzelne müssen sich zu nahe treten, um wieder den richtigen Abstand zu finden.

Ohne Begegnung mit Tiefen kommen wir nicht zu den Höhen.

Aufklärung

Haben wir gehört, was zu uns gehört und wie es sich gehört? Das ist mit seelischer Empfänglichkeit verbunden.

Kummer kann anregen: sich um Besseres zu kümmern.

Wenn Blicke sich treffen, kommt neues Finden in Gang.

Wer lacht, besiegt jedesmal das Alter.

Zuviel Lust wird Last. Es folgen die Laster.

Eine Kehre im Leben verlangt viel Kehren: Bereinigen von Altem.

Warum hadern wir oft so mit den Nächsten? Weil sie am meisten auf Unbewältigtes in uns weisen.

Ein aufgeräumter Mensch ist zu Neuem bereit. Er hat seine Altlasten in Ordnung gebracht.

Im Warten können wir die Seele warten.

Wo Ältere in guter Stimmung zusammenfinden, waltet ein geistig-sozialer Kindergarten. Zukunft fängt schon zu keimen an.

In der Stille wird die Zeit ganz groß. Durch Hektik geht sie verloren.

Freiheit ist nur weiterzureichen, wenn sie sich liebend verschenkt.

Reichste Gabe

Wer zu eilig ankommt, kann innerlich noch weit weg sein.

Was ist die größte Weltmacht? Das kleine Kind.

Über einen Sinn für Begegnung erfahren wir den Sinn einer Beziehung.

Man will das Kommen von Kindern stets mehr steuern – und sie werden immer schwieriger.

Individualität: Jeder geht anders über sich hinaus.

Spielend können wir alle weiterleben in der Welt des Kindes.

Ich kann nur an etwas teilnehmen, wenn ich loslasse.

Durch das andere Ich kommt erst das Eigentliche aus uns hervor.

Nichts kann glücklicher machen als die Unbeschwertheit kleiner Kinder.

Werte lassen sich nur durch Gelebtsein vermitteln.

Wird nicht freiwillig Disziplin ins Leben gebracht, sind wir bald vom Chaos beherrscht.

Es wäre zum Verzweifeln auf der Erde ohne die von Kindern mitgebrachten Sternenqualitäten.

Immerwährendes

Heute gilt oft als begabt, wer noch mehr Probleme schafft.

Wir müssen alt werden, um das Jungsein zu verstehen.

Etwas zu verbieten, macht meist begierig darauf.

Wer freilassend fragt, erhält ehrlichere Antworten.

Das Verstehen ist im Kopf, die Vernunft im ganzen Leib.

Ausleseprüfungen machen unsozial. Desto härter geht es danach zu.

Ich komme mit Fremden besser aus, wenn ich mich selbst verändere.

Wird zur Gewalt gegriffen, sind wir bereits unterlegen.

Wer etwas zu lieben versäumt, beginnt darüber zu schimpfen.

Im Kopf sind alle Reiche. Doch es kommt nur mit den Armen heraus.

Durch Liebe läßt sich große Klugheit erst verkraften.

Menschsein ist ein unaufhörliches Anfangen.

Lebendige Lehre

Wir reden und schaffen immer besser – aneinander vorbei.

Die meisten Ansprüche sind gar nicht ansprechend.

Wo eine Institution zu eng wird, wandert der Geist aus.

Philosophie: Wenn jemand lehrt, was Menschen gedacht haben.
Anthroposophie: Wenn denkend erlebt wird, was der Mensch ist.

Manche haben soviel zu tun, daß sie ihre eigene Zukunft verpassen.

Bei der Phantasie ist uns das Kind weit voraus.

Die herkömmliche Schule macht aus unserem Kopf ein Museum.

Wer zuviel palavert, schwächt seine Rede.

Fragen sind die Kinder des Denkens. Es wird wieder jung.

Kraft kommt durch übende Betätigung, nicht durch Wünsche.

Im Wachsen an Niederlagen zeigt sich geistige Größe.

Glaubwürdig können wir von dem sprechen, was wir selber
befolgen.

Nicht vergeblich

Gewöhnlich ist heute oft der Wechsel. Das verhindert zu starre Gewohnheiten.

Unbewältigte Geschichte wird zum Anlaß vieler neuer Geschichten.

Ohne einzelne schwere Schicksale müßte der Zukunftskosmos die Menschheit für zu leicht befinden.

Die Vergangenheit ist nicht zu retten. Aber das Wertvolle aus ihr soll mitgenommen werden.

Zeit-Messer: zerschneiden die Zeit - je genauer, desto verletzender kann dies sein.

Die Welt muß durch große Erschütterungen gehen, damit die übermäßige Macht unserer Gewohnheiten aufgebrochen wird.

Andenken: Sie lassen Vergangenes wieder andenken.

Wie wir unser Selbst in die Welt hineinstellen, das ist schon eine wichtige Tat.

Wahre geistige Freiheit bekommen wir durch Auseinandersetzung mit der ganzen Menschheit.

Je finsterer die Zeit, um so mehr hilft schon das kleinste Licht zur Orientierung.

Ohne Lernen aus der Vergangenheit haben wir keine Zukunft.

Was zunächst nicht durchgedrungen ist, kann Ursache neuer Ereignisse werden.

Notwendiges Wagnis

Das sind Krisenzeiten: Der Einzelne denkt nur an sich – und man verliert zusammen.

Zuviel Fülle ist behindernd. Gezielter Verzicht kann Freiräume schaffen.

Wer gegen andere arbeitet, ist schließlich selbst verlassen.

Wir müssen das Unmögliche anstreben, um gerade genug zu erreichen.

Jeder ist wichtig, doch soll sich keiner unersetzlich machen. Von seinem Besonderen dürfen wir nicht abhängig werden.

Geld ist das Geistige in der Wirtschaft. Es zerstört diese, wenn alles darin bleibt.

Ein Rechtsgrundsatz: Je klarer die Absprachen, desto freier unsere Lebensmöglichkeiten.

Diktatoren lassen sich nicht in Frage stellen. Sie wollen alles beherrschen.

Wenn ein Volk zu sehr am Staat hängt, wird es statisch. Die Menschen werden zu Staats-Dienern.

Europa soll nicht so einig sein, daß nur einige das Sagen haben.

Letztlich hat jeder Mensch mit jedem zu tun: über den Gesamtzustand der Erde.

Wer auf Freiheit baut, muß fortwährend Chaos begrenzen. Es ganz zu unterdrücken, macht wieder unfrei.

Für oder wider die eigenen Ideale

Im Westen darf alles kritisiert werden, doch ändert sich wenig. Der Osten zeigt großen Aufruhr bei geringer, oft unterdrückter Kritik.

Wenn geistig und menschlich gut zusammengearbeitet wird, kann sich das besonders praktisch auswirken.

Der Rechte will Recht mit Gewalt sichern. Der Liberale meint frei von Verantwortung zu sein. Und der Sozialist möchte Soziales erzwingen.

Manche Bande sind eine Bande, das heißt eine Ansammlung schwierigster Tendenzen.

Rechtsgerichtete richten das Recht zugrunde.

Ich würde wohl wollen, wenn bei anderen mehr Wohlwollen vorhanden wäre.

Um das Notwendige zu erreichen, ist es nötig, daß wir besonders wendig sind.

Indem ich mich ändere, trage ich schon bei zur Förderung des Zusammenlebens.

Nur wer allein sein kann, ist auch gemeinschaftsfähig.

Durch jeden guten Freund wird das Leben mehr zur Freude.

Wer ehrlich zu sich selber ist, auf den können andere bauen.

Was auch kommt: Möge desto mehr Gutes daraus gelernt werden.

Zuviel ist weniger

Einseitiges Sich-Ausliefern an andere verkehrt uns selber.

Wohlstand? Durch Überfluß wird größerer Unsinn in die Welt gesetzt.

Wer Fehlendes nicht freiwillig spürt, muß erst tüchtig Fehler machen.

Zuviel Macht vertreibt den schöpferischen Geist.

Liebevoll: von allem Verkehrten sich voll verabschieden.

Wenn sich der Staat vor den Menschen schützen muß, stimmt grundsätzlich etwas nicht.

Der Ein-zelne: eine Zelle im Sozialen. Diese kann ausarten oder alles mitfördern.

In der Krise zeigt sich, wer ein wahrer Freund ist oder uns im Stich läßt.

Ist uns die Zukunft nicht kostbar, wird sie stets teurer.

Wer Macht besitzen will, der wird von ihr besessen.

Je mehr geldliches Vermögen vorhanden ist, desto größeres geistiges Vermögen braucht es, um damit richtig umzugehen.

Aufgabe: Machen wir uns auf, um eine Gabe zu empfangen – statt nur Wichtigtuerei zu betreiben.

Altern und Neuern

Das Aufarbeiten von Altem bringt ein gediegeneres Voranschreiten zustande.

Zeit ist, was nie stillsteht. Sie zeitet.

Wer nichts mehr richtig spürt und trotzdem weitermacht, kann zur Weltgefahr werden.

Wenn ich Notwendiges nicht rechtzeitig erledige, werde ich immer unfreier.

Unser Kopf ist eine Versammlung der ganzen Weltgeschichte.

Ich bin nicht meine Vergangenheit, sondern wachse aus ihr empor und darüber hinaus.

Sehen, was geht; hören, was ist; tasten, was kommt.

Durch einen schweren Weg erhält das Ziel erst Gewicht.

Was wir durchs Altern bewältigen, geht in die Dauerhaftigkeit ein.

Die Neu-Zeit ist die erste richtige des Menschen selber.

Ohne manche verfahrene Vergangenheit hätte es keine bessere Zukunft gegeben.

Selbst Höchstes mag heute verunglücken und dann erst gelingen.

Noch recht

Staatsreform: Mehr Staatsdiener werden eingestellt, um die Entlassung von Staatsdienern zu organisieren.

Wer sich allein im Recht fühlt, ist immer rechter.

Wenn wir achtsamer sind, kann es bald zu einem würdigeren Umgang kommen – mit uns selber und mit anderen.

Der Materialismus funktioniert zu gut. Schließlich ist er nicht mehr zu bezahlen.

Ein Rechter kann niemals einen Fehler zugeben.

Herzensgehör: Mit ihm ist abzuspüren, was sich zwischen uns gehört.

Je mehr Hektik und Chaos, desto eher geht das Wertvolle unter.

Der Einzelne kann nichts tun, sagen Abertausende. Gemeinsam ginge sehr viel.

Wer zu eng zusammen ist, raubt sich die tragenden Zwischenräume.

Die Rechten wollen die Wahrheit machen. Linke machen sich oft zuwenig aus der Wahrheit.

Eine Gemeinschaft kann sich nur auf den verlassen, der auch echt mit dem eigenen Wesen ringt.

Ohne Geborgenheit im Geist machen wir andere Menschen zu sehr abhängig von uns.

Sinniges

Jeder Mensch ist ein Teil der Welt. Wenn wir weiterkommen, bessert sich auch schon etwas von ihr. Und unser Beispiel regt noch andere an.

Ehrenamt als gutes Zeugnis für Gemeinsinn: Ein Sinn fürs Gemeinsame, der diesem zu mehr Sinn verhilft.

Je reicher jemand ist, mit desto größeren Weltverstrickungen hat sie oder er zu tun.

Zukunftsbauer sein: Gegenwartsboden lockern und an sicheren Brücken ins Kommende schaffen – bäuerlich und bauend.

Der beste Platz ist immer eher zwischen Gegensätzen.

Scheinbare Freunde verlassen uns, wenn wir uns sehr auf sie zu verlassen hatten.

Ideologie ist toter Geist. Lebendiger Geist schaut stets neu auf die Welt.

Wie oft hat es jemand gar nicht verdient, daß er oder sie so viel Geld verdient!

Nur das ist ein guter Vertrag: Wenn er hilft, daß wir uns weiter vertragen.

Schlechte Politik: Polarisieren. Gute Politik: Gegensätze versöhnen.

Je tiefer der gegenseitige Respekt ist, desto länger kann er halten.

Indem ich mich anderen hingebe, läßt sich auch mehr von mir selber finden.

In welcher Gesellschaft?

Das Sicherste ist der Wandel. Wenn wir uns genug wandeln, sind wir sicherer.

Werden kleinere Einseitigkeiten nicht rechtzeitig geklärt, können ganz große daraus entstehen.

Sehr praktisch! Heute ist meist beides gleichzeitig zu bekommen, ein Liebes- und Konfliktpartner.

Ein zu Rechter wird zum Verschlechter, ja letztlich ein Schlächter der Wahrheit.

Politik ist nicht Herrschaft, sondern die Überwindung von ihr: ausgewogenes Sich-Abstimmen.

Zwischen den Stühlen gibt es kein Sitzenbleiben.

Geld ist der einflußreichste Schein.

Wer viel macht, übt auch große Macht aus - wenn nicht ein genauso starkes inneres Zurücknehmen gelingt.

Nur wer verläßlich ist, wird auch nicht verlassen bleiben.

Ein gutes Ansehen kann man uns nicht ansehen. Dazu muß innerlich beigetragen werden.

Mein Ich ist ganz keimhaft und wächst durch den Anderen.

Wirkliche Werte entstehen, wenn Geistiges im Irdischen für sozialen Wandel sorgt.

Sehr fern oder dicht dran

Indem wir aus einer schwierigen Vergangenheit viel lernen, war sie nicht sinnlos.

Die Welt zerstückelt. Menschen tragen zusammen.

Um unseren Weg zu nehmen, müssen wir Hindernisse wegnehmen.

Die Vergangenheit soll Diener der Zukunft sein, nicht umgekehrt.

Im Ich erwacht die Welt zu sich selbst.

Soll das Böse nicht siegen, ist Gutes not-wendig.

Wenn wir nicht über das Leben hinausgehen, ist an ihm zu verzweifeln.

Lieber rückwärts auf den Boden fallen als vorwärts in den Abgrund. Davor sind wir dann kuriert.

Wer nur ein Vergehen der Welt kennt, vollbringt ein Vergehen.

Computer können berechnen, wann die Welt untergeht. Ein Christ weiß, daß sie aufersteht.

Geschichte hat mit ständig neuem Dichten und Lösen in erdenweiten Dimensionen zu tun.

Jeder stirbt aus der Vergangenheit heraus und in die Zukunft hinein.

Friedensgewalt

Kriegerisches beginnt damit, daß ich jemand etwas aufzwingen will.

Das Auto ist eine doppelte Waffe: ein Panzer und sein Geschoß zugleich.

Andere hassen, heißt mit sich uneins sein.

Gewalt und Unterdrückung ist nie zu rechtfertigen. Sie sind immer ein Verhängnis.

Menschen verstricken sich oft in kleinliches Gezänk, weil sie sich nicht um die eigentlichen Weltprobleme kümmern.

Womit werden wir heute täglich beschossen? Mit dutzenden bis tausenden von aggressiven Eindrücken.

Was ist das Gewaltigste? Sich in der Gewalt haben.

Richten sollte bedeuten: eine neue, heilsamere Richtung geben.

Wenn Riesen sich streiten, können nur noch Zwerge etwas Gutes bewirken.

Scheiterungen hinterlassen Scheite, die den Weg in die Zukunft sichern können.

Wer sich verträgt, braucht nicht so viel Verträge.

Nur die reinste Stärke ist unangreifbar.

Vorwärts zum Anfang

Gemeinsamer Weg der Einzelnen zu Gott, das ist die ganze Weltgeschichte.

Nur wenn Altes losgelassen wird, kommt es zum Zulassen von Neuem.

Bleibt das Dunkle noch zu sehen, ist Licht da. Falls wir davor die Augen verschließen, wird es richtig düster.

Was ist Gegenwart? Wenn Vergangenheit und Zukunft sich treffen: Wart im Gegen.

Nur in einer Welt der Unvollkommenheiten können wir uns weiterentwickeln.

Mittelweg: weder zuviel Starre noch zu sehr ausfließen.

Indem wir in der Zeit innehalten, können wir über sie hinausgelangen.

Mitte ist das Gegenteil von Zentralismus. Sie ist offen für alles und stellt sich am meisten zur Verfügung.

Neuzeit: Wir brauchen soviel Beginnen, daß allmählich das Ende überwunden wird.

Die Geschichte vergeht. Christus aber kommt immer näher.

Wo sich alle Gegensätze aufheben, gibt es keine Zeit mehr.

Unsere jetzige Welt ist nur dadurch zu retten, daß wir an einer neuen schaffen.

Innerer Sieg

Wer den Frieden nicht hat, der verliert alles andere bald auch.

Freiheit zum Vernichten? Das zerstört auch sie.

In uns ist regelmäßig Krieg. Der äußere bedeutet eine Niederlage.

Wenn es allzu kritisch wird, ist mancher mehr das Dunkle als sich selber.

Durch bloßes Bekämpfen bleiben wir an den Problemen noch mehr hängen.

Wer zur Gewalt greift, muß sich immer schon angegriffen fühlen. Sonst hätte er das nicht nötig.

Das Wichtigste an einem Krieg ist, daß er vor Beginn gestoppt wird.

Wem die Einsicht mangelt, der streitet desto mehr.

Ein guter Gefährte verhindert zuviel Stillstand.

Wer es mit seinen Mitmenschen aushalten will, muß sich aus zu Negativem heraushalten.

Jeder wird unschlagbar, der genug Geisteskräfte in sich sammelt.

Im Frieden fängt das Reich Gottes auf Erden an.

Verhaftetsein

Beim Verkehren über elektronische Kanäle ist immer ein Verkehren dabei.

Wer an Medien hingegeben ist, hört in sich den Abgrund rumoren.
Deshalb braucht es stets mehr, um das zu überlagern.

Je stärker der Mensch in die Medienwelt abtaucht, desto intensiver wird seine Seele schließlich darunter leiden.

Sind wir geistig genug mobil, wird fast nie ein Mobiltelefon gebraucht.

Aus literarischem Suchen kann ein gutes inneres Geleitetsein resultieren. Wer zu sehr im Internet sucht, wird vom fesselnden Ahriman an der Nase herumgeführt.

Wenn stets mehr über Elektroniknetze lauft, bleiben immer zahlreichere Menschen darin hängen

Wer dauernd erreichbar ist, kann kaum noch richtig bei sich sein.

Durch zuviel Elektronik schiebt sich ein ständiger Unfriede in die Welt hinein und macht sich vor allem schon über junge Menschen her.

Setzt dem künstlichen Netz Grenzen, bevor es euch völlig einfängt.

Wovon allzu viele überwältigt sind, das kann zur desto klareren Lehre für Einzelne werden.

Im Imitieren sind Computer besser als wir. Trotzdem erreichen sie nie das Original. Dessen Ursprüngliches fehlt.

Mehr denn je elektronisch ausgetauscht: Bleiben wird nichts.

Medialer Untergang

Wer zu sehr auf den kleinen Bildschirm starrt, den hat das Handy in der Hand.

Das lebendige Wort führt zum eigentlichen Wesen. Elektronische Medien entfremden uns davon.

Früher brauchte es nettes Interesse. Heute nur das Internet.

Wer sich zuviel im technischen Mediengebrauch verstrickt, arbeitet mit an der Abschaffung des Menschlichen.

Wenn alles immer mehr automatenhaft wird, dann sind wir bald in Automatenhaft.

Der Computer führt auch einen Irrtum aus. Der Mensch wird daran wach und lernt daraus.

Früher kam man zur Strafe ins Gefängnis. Mit den elektronischen Medien setzen sich viele freiwillig hinein.

Im Buch können wir uns finden. In der Elektronik gehen wir unter.

Was nicht selber stark in einem schöpferischen Strom gründet, wird von den Medien abgesaugt.

Wir brauchen einen geistigen Über-Halt, um uns nicht zu verlieren in äußerer Unter-Haltung.

Der Nutzen zahlreicher Medien ist minimal, der Schaden kolossal.

Je verrückter die Welt wird, desto entstrickter müssen wir selber sein.

Ausgemacht?

Elektronische Medien: Der Mensch beugt sich nicht vor Höherem, sondern in das Niedere hinein.

Die Seele wird immer enger, wenn jemand stets mehr auf ein kleines Gerät blickt.

Was zu sehr mit Elektrizität wirkt, geht in den Weltenabfall.

Selbstvergewisserung: Augenzeuge ist das totale Gegenteil von Fernsehen.

Wer sich fast nur künstlichen Kommunikationsmitteln widmet, hat bald nichts Bedeutsames mehr mitzuteilen. Ihm fehlt die echte Erfahrung.

Hat jemand mal zuviel Elektronik besessen, war sie oder er von ihr besessen.

Der Mensch kann ohne Wärme nicht leben, ein Computer kollabiert bei einer Erwärmung.

Wir brauchen vielseitig-ausgewogene Nachrichten. Um uns nicht falsch auszurichten.

Wer keinen inneren Abstand zur Maschine hat, dem raubt sie seine Freiheit.

Kein Computer, nur mein Geist ist dem Göttlichen verwandt – und auch das Schöpferische in der Natur ist es.

Je intelligenter die Technik, desto maßvoller muß der Umgang mit ihr sein. Sonst erschlägt sie uns.

Wenn wir ein Zuviel an Geräten nicht ausmachen, machen sie die Zukunft aus.

Technisches Verfallen

Doppelt verräterisch: Wer sich nicht gut beherrschen kann, hängt sehr an elektronischen Netzen und läßt sich in ihnen auch mehr gehen.

Wenn etwas nicht funktioniert, gibt es Ärger. Wenn etwas zu gut funktioniert, macht es uns leerer.

Digitalisierung kombiniert nur Altes neu. Menschliches Schöpfertum bringt noch nie Dagewesenes.

Falls wir zu sehr in die Elektronik abtauchen, ertrinkt unser Ich darin.

Fortschritt oder Rückschritt? Neueste Technik hat oft die kürzeste Haltbarkeit.

Im zuvielen Umgang mit Automaten werden die Menschen selber immer automatenhafter.

Nichts ist neutraler als ein Buchstabe auf Papier. Er läßt das eigene geistige Tätigwerden ganz frei.

Digitale Mobilgeräte erscheinen wie ein magischer Stab und bewirken ein Verzaubertsein. Nicht der Mensch bestimmt die Technik, sondern sie ihn.

Die Ganzheit des menschlichen Leibes ist ohne Wirken der gesamten Geistwelt nicht denkbar. Das Maschinelle läßt sich dagegen als Abschied aus allen höheren Sphären verstehen.

Elektronische Massenkommunikation: Das Böse ist noch schneller, das Gute braucht länger.

Unsere Moral hat die Technik zu bestimmen, nicht umgekehrt.

Wenn Krieg gegen die Natur geführt wird, gehören alle zu den Verlierern,

Richtig leiden

Wer sich übernimmt, den kann oft nur die Krankheit korrigieren.

Leiden ist eine Hilfe, damit wir es in Zukunft leichter haben.

Wahnsinn heilen? Dann müssen wir den Sinn trotz Wahn erkennen und den Wahn im Sinn vertreiben.

Wir werden krank, wenn wir uns an Falsches hingeben.

Bejahung erleichtert das Leiden, Flucht verstärkt es.

Zum täglichen Staunen: Unser Leib leistet sehr viel mehr als der Kopf weiß.

Regelmäßig ein kleines Leiden, das erspart so manchen Arzt.

Zu wissen, daß jeder Schmerz ein Ende hat, läßt ihn besser bestehen.

Anderen Menschen können wir alles sagen, wenn dies freilassend und liebevoll geschieht.

Das Krankenhaus ist nun häufig der größte Patient.

Es kommt immer mehr auf wissendes Begleiten an. Nichtverständnis erzeugt Leid.

Viele Ärzte behandeln Krankheiten statt Menschen.

Durch Tiefen höher

Wenn man zu voll ist, kommt nichts mehr an einen heran.

Wer zu sehr hetzt, verjagt die Zukunft.

Es kann uns niemand den Geist verpassen. Ohne Geist verpassen
wir aber alles.

Die ganze Welt schafft mit an meinem Ich. Aber nur wenn ich
bewußt beitrage, bleibt es beständig.

Indem wir uns gegen Dunkles behaupten, kann sich Lichtvolles
stärker mit uns verbinden.

Ohne Schmerz kann kein Höheres herabdringen, kein Niederes
aufsteigen.

Wer bloß stillsteht, fällt zurück. Nur als Werdende bleiben
wir uns treu.

Mathematische Meditation: Eine Kugel hat nur eine Seite. Eine
Kugel hat unendlich viele Seiten.

In der Esoterik müssen wir immer bescheidener ansetzen, um
nicht geistig hochzustapeln.

Nur durch die Enge finden wir zu unserem Engel. Er verleiht
ihr Flügel.

Wer sein ganzes Leben suchend bleibt, trägt das Ziel schon in sich.

Der Mensch muß sich überschreiten, um zu sich zu kommen.

Erkranken und Gesunden

Wer intensiv lebt, leidet auch. Das gilt besonders für unsere schwierige Zeit, welche dadurch desto mehr wachrüttelt.

Wir werden immer wieder etwas krank, um uns gesünder verhalten zu können.

Einfach loslassen? Ohne gewisse Anspannung kann es nicht zu einer richtigen Entspannung kommen.

Wären wir leidensfähiger, könnte sich mehr ändern.

Im Grunde müssen wir ständig ein bißchen verwundet sein, um das Wunder des Menschenleibes genug zu respektieren.

Schlafend sind wir der geistigen Welt nahe. Im Schmerz können wir offener sein für sie.

Krise wandelt Leid zur Lieb: ei zu ie wenden und d zu b.

Zur Vorsicht sei es gesagt: Therapeut wird gern, wem selber nicht mehr zu helfen ist.

Gesund sind wir, wenn wir das Krankhafte aus uns immer genügend herausschaffen können.

Wer das Schwere gerne trägt, öffnet neue Wege.

Die Krankheit ist zu sehen. Auf das Gesunde können wir nur hören.

Bewältigtes Leiden festigt das Sein der Zukunft.

Weltenschmerz

Wo berühren sich Himmel und Erde? In der Blüte – und im Menschenherzen.

Wir haben immer genauere Messungen von einem Klima, das stets willkürlicher wird.

Wolken sind die Träume der Lüfte.

Wenn jeder nur sich wichtig nimmt, wird das Leben zur Katastrophe.

Der sogenannte technische Fortschritt ist unser größtes Risiko.

Das gefährlichste Raubtier der Erde: die Verbindung von Technologie und Kapitalismus.

Was haben immer Reichere davon, daß die Welt mehr ruiniert wird? Auch sie sind dann stets ärmer.

Erdenleiden müssen uns nachhaltig zusetzen. Dann kann der Ausdruck positiv wirken: im nachhaltigen Lebensstil.

Todeskrisen des Materialismus sind dazu da, neues spirituelles Leben in der Menschheit zu wecken.

Die Leiden der Natur verlangen eine rettende Änderung von uns ab.

Wegen dem Be-wegen bleiben wir auf guten Wegen.

Solange noch eine Blume blüht, ist die Welt nicht verloren.

Wahre Besserung

Genießen ist vergänglich. Leiden bringt etwas Fortdauerndes hinzu.

Das Herz ist vom ganzen Leib aus gesehen näher beim Kopf. Sonst würden wir es mit letzterem nicht aushalten.

Manchmal bricht etwas und kann geheilt wieder besser weitergehen.

Die Zuwendung zu Leidenden hilft, daß wir selbstloser werden.

Durch reines Erkennen können wir Göttlichem entgegenschreiten. Über die Krankheit vermag Göttliches an uns heranzukommen.

Ein guter Therapeut kann selber das beste Heilmittel sein.

Im Schmerz festigt sich das Ich, damit es im Geistesmeer nicht verfließt.

Wer auf falsche Weise sucht, landet in der Sucht.

Übers Kranksein wird manche Freiheit zurückgewonnen, die schon verloren erschien. Heilung ist möglich durch liebevollen Umgang mit dem Erlittenen.

Je mehr man den Tod in den Griff bekommen will, um so schrecklicher wird das Leben.

Unser Herz ist allen Menschen nah und selbst den fernsten Welten.

Überwundenes Leid führt zu um so größerer, beständigerer Freude.

Heilsame Gründe

Irren sei menschlich, wird gesagt. Teuflisch ist daran zu hängen, göttlich das Überwinden.

Daß aus Materie Geist hervorgeht, ist der größte Irrglaube.

Von Gott reden, erscheint immer etwas überheblich. Aber so sprechen, daß das zu Göttlichem hinleitet.

Der Materialismus will zwingen. Echte Religiosität macht davon frei.

Gott führt die Schöpfung zum Menschen hin. Jeder Mensch bringt etwas aus der Schöpfung zu Gott zurück.

Es gibt den Leidensweg zum Heil, aber keine Triumphreise.

Göttliche Meditation: Das Zentrum vom Universum ist größer als dieses.

Was der Mensch in geistige Weiten trägt, kann auch sie bereichern.

Wenn nichts mehr genügt, dann bleibt noch der Christus.

Der Gedanke befreit Menschliches. Die Liebe schenkt Göttliches.

Alles im All hat seinen Grund. Dahinter muß Grundloses sein, das in sich selbst besteht.

Christus ist der Gott, der unser Innerstes heilt.

Göttliche Kreativität

Natur: Unendliches gelangt an eine Grenze. Kunst öffnet neu ins Grenzenlose. Der Mensch steht dazwischen.

Musik hebt aus dem Räumlichen heraus. Sprache holt Geistiges herein.

Kunst überwindet das zu Persönliche und das Unpersönliche.

Durch Gesang wird einem richtig warm im Gemüt.

Der Maler malt, was zwischen den Sinnen lebt, der Musiker läßt es ertönen. Und so weiter jeder Künstler.

Kämpfen bringt Häßliches hervor. Lieben verschont und verschönt.

Direkt mit dem Herzen zu kommunizieren erlaubt die Musik.

Natur und Idee werden durch Kunst wieder versöhnt.

Die Musik gestattet ganz besonders, daß der Weltenursprung bei uns bleibt.

Wo Künstler sind, kann der Himmel mitsprechen.

Im kreativen Wirken ist Göttliches in uns tätig.

Wahre Kunst wird Keim neuer Welten.

Einfach kompliziert

Je besser unser Leben zu laufen scheint, desto wichtiger kann ein innerer Nörgler sein, der falsche Sicherheiten wieder in Frage stellt.

Wenn Sprache gehört wird, ist sie mehr. Schließlich mündet alles ins Wortmeer.

Streit hat mit persönlicher Kompliziertheit zu tun. Friede entsteht durch Einfachheit des Herzens.

Vom Ertragen zum Vertragen: Das kann in der Zukunft haltbarer werden als äußere Bündnisse.

Durch Abstand von der Welt gibt es das Erkennen. Mit der Sprache läßt sich alles wieder einen.

Wer nicht auf ironische Distanz zu sich gehen kann, ist gefährlich.

Der Kopf trennt mich von der Welt, das Herz hält die Verbindung aufrecht.

Nach der jeweiligen Art des Sprechens gestaltet der Mensch auch an sich selber.

Die Welt ist voller Risse. Kunst läßt sie verschwinden.

Ohne Leiden gibt es kein freies Einander-Lieben. Die genügende gegenseitige Sensibilität würde fehlen.

Jedes Wort macht im Kleinen die Weltgeschichte durch: Ursprung, Abfall und Neuerstehen.

Ich wundere mich ob meiner seelischen Wunden und erlebe eine wundersame Befähigung zum Wahrnehmen von Neuem.

Unerträgliches bemeistern

Das Leben ist zu schwer. Nur mit Kunst können wir es aushalten.

Ist nicht alles erstorbener Klang, der neu zum Tönen kommen soll?

Über sich selbst hinauszureichen, dazu verhilft die Kunst.

Für Musik braucht es keine Übersetzung. Sie ist unmittelbar
verstehbar für Menschen unterschiedlichster Herkunft.

Kunst schließt die Materie auf für das Walten und Wirken des
lebendigen Geistes.

Ein kreativer Mensch bildet an Gottesgedanken weiter.

Was in der Meditation im Verborgenen aufgesucht wird, kann ein
Künstler zur Anschauung bringen.

Schöpfertum: Anregungen geben, um aus dem Quell der Schöpfung
mit zu schöpfen.

Was wir beim Sehen übersehen, zeigt die Kunst. Sie ist ein
Über-Sehen.

Wer immer durchlässiger wird, kann stets mehr zum Ausdruck
bringen.

Ohne Kunst ist Irdisches unerträglich und Geistiges nicht nahe
genug.

Kreativ sein heißt mit dem tätigen Weltgeist ins Gespräch zu
kommen.

Sprachpfade

Wenn ich nicht mehr weiter weiß, mach ich mir Notizen. Dann geht schon wieder etwas.

Sehr viele haben leider einen Einheitsstil. Ohne dazugefügte Namen wäre kaum zu erkennen, wer etwas verfaßte.

Gutes Formulieren braucht Widerstand. Am Computer schreibt es sich zu leichtfertig.

Nicht wenige reden, um sich zu verkleiden. Sie werden für ganz andere gehalten.

Werte sollten sich so wandeln, daß sie gerade nicht verlorengehen.

Autorenschaft: wie das Wort mit dem Schreiber zusammen schafft.

Nach einigen Sätzen muß sich alles setzen. Es gilt einen geistigen Satz zu machen. Dann sind wir bereit, den nächsten Absatz fortzusetzen.

Nachlässiger Umgang mit Nachlässen erzeugt Streit oder läßt uns Wertvolles verlieren. Besser sollte Verkehrtes nachlassen.

Freier Schriftsteller: Er ist meistens ziemlich frei von einem gesicherten regelmäßigen Einkommen.

Schreiben von Hand lichtet das eigene Gedankendickicht.

Wenn die Gewissenhaftigkeit im Wort fehlt, schwindet jeder Halt.

Durch liebevolles Befolgen wird Orales zu Moralem.

Über-Fluß

Die Welt ist Erscheinung. Kunst schafft eine Brücke zum eigentlichen Sein.

Musik verhindert, daß wir zu sehr in der Starre versinken.

Schönheit kann Himmel und Erde übersteigen – doppeldeutig gemeint!

Damit etwas Schöpferisches empfangen wird, müssen wir uns innerlich zurücknehmen.

Sogenannte Künstler meinen gern, über der Wahrheit zu stehen.

Singen öffnet den Leib, befreit die Seele und lockert den Geist.

Wahrhaft Bedeutsames hinterläßt in unserer Zeit nur behutsame, fast unmerkliche Spuren.

Kunst ist die Mitte zwischen Dazufügen und Wegnehmen.

Wer zu satt ist, kann nicht dichten. Die Seele hat schon dicht gemacht.

Wenn Welt und Geist in Einklang kommen, entsteht wahre Schönheit.

Erst das Zusammen-Hören bringt Musik zur vollen Entfaltung.

Mit dem Künstlertum schenkt sich umfassende Sinnhaftigkeit tief in unser Leben herein.

Erstritten und begnadet

Je wertvoller ein Buch ist, desto gründlicher müssen wir es lesen.

Wer nicht etwas Originelles vorzubringen hat, sollte das Schreiben besser lassen.

Dem Geschwätz fehlt das große Schweigen zwischen den Worten. Es ist bloße Oberfläche, ohne Tiefe.

Ein ausgesprochener Gedanke ist stets wieder etwas anders.

Ursprünglich starb das Wort in uns hinein. Am Ende werden wir ganz Wort sein.

Sprachen sind verschiedene Stimmen Gottes.

Der Verleger sollte nicht zu verlegen sein, aber auch nicht zuviel verlegen.

Worte sind Lichtbewegungen im Luftraum.

Wer Pausen zu nutzen weiß, kommt auch durch dicke Bücher.

Wesentliche Texte sind langsam zu lesen. Sonst kriegen wir Verdauungsbeschwerden.

Je lockerer ein Spruch klingt, um so härter ist er meistens errungen,

Gute Bücher können wir immer wieder lesen. Sie werden nicht leerer, eher voller.

Ansprechend

Kunst ist: ein Stück Kosmos auf die Erde holen.

Ein Tag ohne schöpferisches Erlebnis ist wie unnütz gelebt.

Scheinbar paradox: Mit künstlerischen Mitteln läßt sich das Unaussprechliche ansprechen.

Schöpferisches kommt erst in Fluß, wenn der Gewohnheitsstrom versiegt.

Wo Vergängliches sich aufschließt für Fortwirkendes, da ereignet sich Kunst.

Aus der gebändigten Leidenschaft erblüht des Menschen Sonnen-Schönheit.

Wissenschaft führt an die Schwelle. Kunst öffnet sie.

Alles Bedeutende ist auch mehr gefährdet. (Die Umkehrung gilt aber nicht generell.)

Aufgabe der Kunst: vom Sinnlichen aus das Geistige anzuregen - umgekehrte Fruchtbarkeit.

Nur schöpferisch begegnen wir dem - göttlichen - Schöpfer.

Kunstwerke können Fenster zur Ewigkeit sein.

Schönheit: Das Irdische strahlt in Zukunftswelten hinein.

Dichterlösen

Unsere Welt verlangt nach dem Wort. Wir haben zu erfragen, wie sie weitergeht.

Die Neuregelung der Rechtschreibung brachte viel Falsches. Sie war wohl wollend, aber nicht wohlwollend.

Auch Geist läßt sich verdichten: durch ein Gelingen von Gedichten.

Erst ein Mißbrauch des Denkens, dann der Worte. Weiter geht es damit ins Handeln – wenn sich Vorangehendes nicht heilsam wandelt.

Lesen kann werden: ein Gespräch im Ätherisch-Lebendigen.

Manche Sätze wiegen ganze Bücher auf.

Im Regal steht Geschriebenes von verstorbenen Freunden. Das Lesen erneuert unsere Bezüge.

Gestalten wie ein Novalis sind göttliche Früh-linge unter den Menschen.

Wer Geistigem gründlich nachgeht, kann immer tiefer gründen.

Ein einzelner wertvoller Satz – und der Prozeß eines fast verzweifelnden längeren Abmühens hat sich gelohnt.

Doppeldeutig: Allzu Dichtes läßt ein All zu.

Reden bleibt Bronze. Beschweigen versilbert. Aus dem Schweigen heraus reden kann Gold bedeuten.

Geistige Direkt-Erfahrung

Wer liest, kann aufmerksamer leben.

Ein Ideal: Etwas so formulieren, daß sich dadurch zur Erfahrung der Realität des Beschriebenen hinfinden läßt.

Elektronische Information ist nie ganz freilassend. Die Technik formt mit.

Durch gute Lektüre können wir ein anderer Mensch werden.

Dreierlei Bedeutung: Weise auf weise Weise.

Wenn wir bestimmte Texte nicht in Ruhe studieren, bleiben sie uns wie ein »Ver-lies«.

Fast alles Merkwürdige ist nicht des Merkens würdig.

Bei wertvollen Texten wird das Wiederlesen ein noch größeres Fest als schon die erste Lektüre.

Schreiben wirkt auf den ganzen Menschen. Tippen stößt ihn zurück.

Werden die Lese-Mühen nicht gescheut, schreiten wir gestärkt durchs Dasein.

Je lebendiger das Wort, desto näher ist uns der heilige Geist.

Schrift: Geist wird Welt. Lesen: Welt wird Geist.

Fortschreiten

Nur wer an seine Grenzen geht, kann zu neuer Einsicht finden.

Begriffe sind in uns hineingestorbene Weltinhalte. Durch geistiges Erkennen werden sie wiederbelebt.

Je phrasenhafter man hohe Wahrheiten routinemäßig wiederholt, desto eher sind sie verstoßen.

Es gibt stille Menschen, die wirken geistig sprechender als Vielredner.

Wir sterben, um nicht vom Toten überwältigt zu werden.

Erst wer über sich hinausstrebt, kann trotz seiner Probleme in Entwicklung bleiben.

Nicht den einzig richtigen Weg brauchen wir, sondern denjenigen, der uns immer rechtzeitig korrigiert.

Ein lebendiger Geist allein hält Menschen frei zusammen.

Liebe ist sich genug und muß nicht andere moralisieren.

Geistig dringen wir dann gut voran, wenn wir die Seele ausgeglichen weiten.

Wer sich nicht ums eigene Schicksal kümmert, zieht andere hinein.

So sollten wir sprechen lernen, daß Engel zwischen unseren Worten spazieren können.

Nichtiges bewältigen

Intellektualismus ist geistige Ohnmacht. Das Denken kann sich nicht mehr selber unmittelbar als wesenhafte Kraft erfahren.

Daß der Materialismus stets irgendwann bröckelt, das macht wieder Hoffnung – auf spirituelle Änderungen.

Freiheit ist erst vollgültig möglich, wenn das Geistig-Ichhafte in mir gefestigt wird.

Wir werden nur überleben, wenn wir über das Leben hinausgehen.

Das Ich kann einzig kennen, wer es ist.

Im Denken über etwas wirkt Vollkommeneres.

Was sich am Tod bewährt hat, ist des Lebens wert.

Das Denken beginnt im Nichts und kann alles werden.

Nur wenn wir bei etwas voll dabei sind, ist es wirklich getan.

Alles entsteht aus dem Nichts. Also ist letzteres ein verborgenes All.

Wer Ausdauer hat, wirkt aus der Dauer.

Im Geistigen ist das Weiterkommen immer mehr ein Opfern.

Weg und hin

Wenn äußerlich nichts mehr geht, sind wir häufig erst richtig anwesend.

Etwas »realisieren«, das heißt sich bewußter machen. Dadurch wird es auch wirklicher – was dieses Wort ebenfalls besagt.

Sinnliches: erst wahrnehmen, dann darüber denken. Geistiges: das Denken verstärken, so daß wir es wahrzunehmen beginnen.

Das Ich nur ist s-ich selbst.

Nur wer ganz gehörig hört, kann Kommendem angehören.

Für unseren Geist darf es nur Selbst-Erforschung geben, keine Fremdeinwirkung.

Bei der Meditation wird das Denken zum Gebet.

Im Geist ist das Draußen innen und das Innen draußen.

Weil etwas Liebendes an uns geschaffen hat, deshalb können wir erkennen.

Weg zum Geist: Blicke wacher denn je auf etwas Sinnliches und schaffe es wieder weg. So bist du unter-weg-s zur reinen, stofflosen Bildgestalt.

Das gewöhnliche Ich: Es soll ganz Wohnung werden für das höhere.

Indem wir über-haupt denken, erledigen sich die Oberhäupter. Freies geistiges Geleitetsein kann stattfinden.

Am Stoff erwachen

Nur echtes Interesse öffnet den Weg zu tieferen Lebenswahrheiten.

Daß etwas existiert, daran läßt sich nicht zweifeln. Auch der Zweifel ist eine Bestätigung.

Falsches können wir verlieren. Richtiges läßt sich nur gewinnen.

Atome sind keine Teile, sondern Kräftewirksamkeiten.

Das Gehirn ist eine geistige Dunkelkammer, die uns helfen kann, am sichersten zum Licht der Welt zu finden.

Tiere haben Sinne. Der Mensch kann vom Sinn wissen.

Schon das Fragen nach seiner Freiheit zeigt, daß der Mensch nicht völlig festgelegt ist.

Prozeß des Erkennens: Die Nerven heben das Sinnliche auf und lassen den Geist herein.

Denkend kommen wir ins Gespräch mit dem Wesenhaften der Welt.

Licht ist das Geistigste vom Sinnlichen.

Lebendiges Denken bedeutet ein aktives Teilnehmen an himmlischer Kreativität.

Der Geist wächst im Wirken. Die Gene bestimmen immer weniger.

Enge weiten

Jedes Ich ist einmalig, kann sich aber nur durch Bezug zum Weltganzen halten.

Über Kleinigkeiten sind wir dem Großen nahe.

Was macht den Menschen aus? In ihm erleidet das Ewige die engste Begrenzung.

Das Leben vergeht, der Geist geht darüber hinaus.

Die Stille wächst durch Zulassen.

Wenn für mich etwas wesentlich ist, dann habe ich auch Zeit.

Richtig reifen kann, wer bewußt älter wird.

Der Geist vermehrt sich bei gutem Gebrauch.

Wir wandern ständig auf einem Weg: nicht ans Ende der Welt, sondern zu einer Wandlung von ihr.

Im Irdischen hat sich unser Geistiges zu bewähren. Sonst können wir es nicht bewahren.

Was ist echtes Weiterkommen? Kein Sich-Versteigen, sondern: immer weiter werden und doch sich selber bleiben.

Stille wird Quelle geistigen Reichtums.

Gute Erholung

Nichts ist erfrischender als ein klares Denken.

Stets besser werden die Spuren des Geistes im Gehirn erfaßt. Dieser aber ist immer mehr verpaßt.

Manche Leute haben solch eine Klugheit, daß sie sich mit dieser selber an der Nase herumführen.

Gelehrte belehren uns darüber, was Belehrte gelehrt haben.

Wenn wir zuviel überlegen, werden wir ganz einseitig überlegen.

Auch wenn jemand haarscharf eine Wahrheit verfehlt, kann er einen auf diese aufmerksam machen.

Je genauer man das Materielle studiert, desto exakter wird am dieses erkennenden Geist vorbeigeblickt.

Freiheit läßt sich nicht zwingend beweisen. Es kommt auf den Versuch an, sie bewußt zu leben.

Sinn macht nur, was über Sinnliches hinausführt.

Doppelseitig: Wahr ist, worauf du bauen kannst. Bauen kannst du nur auf die Wahrheit.

Indem wir ein Jenseits zu denken vermögen, ist dies keines mehr.

Wahres fördert das Leben. Lügen schwächen es.

Seelische Öffnung

Der Leib ist lebendiges Gefäß für unsere Seele. Diese wird beständig durch die Verbindung zum Geist.

Nichts ist auch was. Abwesenheit von allem anderen als Voraussetzung der Freiheit.

Das Ich kann sich mit allem verbinden. Ich wird All.

Wiederholung: Kann zu guter Höhlung führen – so daß ein Freiraum entsteht für spirituelles Begegnen.

Weil Engel mich denken, deshalb bin ich.

Nur wenn wir die Leere ertragen, läßt sich die Fülle halten.

Je mehr wir bei uns sind, desto offener werden wir für anderes.

Gestirn: Geh zum Stern – vom Stirndenken aus.

Ohne Liebe zum Leben kann ich es nicht rein erkennen!

Das Schicksal trägt uns immer wieder zu, was wir zum Weiterkommen brauchen – wenn wir es annehmen und richtig damit umgehen.

Erst durchs Zuhören kann uns Geistiges gehören.

Wenn wir gleich anderes ändern wollen, entsteht oft Streit. Wenn wir erst uns ändern, geht es schon besser.

Ichzugang

Auf dem spirituellen Weg wird das Subjekt objektiver (mehr äußerlich) und das Objektive innerlicher (seelischer).

Denkende Ich-Werdung: Ich denke das Ich-Denken.

Es gibt immer eine Wahrheit mit verschiedenen Seiten, aber unmäßig viel Lügen darüber.

Unser Selbst bezeugt Weltzugehörigkeit. Daraus resultiert tiefste Einsicht und größte Liebe.

Je widriger die Situation, um so wesentlicher wird es, auch auf Gutes zu blicken.

Nur der reine Geist bewegt sich selbst. Alles andere wird bewegt.

Selbst-Ständigkeit: Nicht nur ein inneres Unabhängigsein erstreben, sondern etwas immer Beständigeres aus sich selbst machen.

Wer gegen große Mächte gut bestehen will, braucht viele kleine Geister zur Seite: durch liebevollen Umgang mit Einzelheiten des Lebens.

Am wenigsten verfügbar ist das wahre Ich. Es ist nur im freien eigenen Schöpfertum zugänglich.

Wenn wir tief genug in uns hineinlauschen, tritt das am meisten Verbindende hervor.

Noch mit dem Fernsten kann unser Ich einig sein.

Erst wenn wir gegenüber Dunkelkräften genug gefestigt sind, darf ins Geisteslicht getreten werden. Sonst könnte dieses uns auflösen.

Konzentrierte Zunahme

Um sein Selbst zu begreifen und zu entfalten, bedarf es der vielen Zeitepochen.

Sind wir erfüllter im Innern, begegnet uns desto mehr Leerheit oft in der Welt – gerade beim Spektakulärsten.

Durch das Denken schaffe ich an meinem Sein.

Martin Heidegger meditativ: Zeugende Zeugen zeugen vom Zeug.

Geistesweg: Das immer Größere geschieht in stets kleineren Schritten.

Ich kann mich besser entscheiden, wenn ich entschiedener bin. Das verlangt, dessen bewußter zu werden, was unserem Wesen gemäß ist.

Nur wer ganz ehrlich mit sich umgeht, hält dem Tode stand.

Wenn ich geistige Erlebnisse wiederholen will: Ich muß diese wieder holen. Das verlangt mehr Suchen denn je, weil sie vorangeschritten sind.

Selbstlosigkeit: Erst wenn wir uns von falschen Anhaftungen lösen, läßt sich zum wahren Selbst hinfinden.

Je weiter ich komme, desto mehr ist etwas von mir in der Welt.

Wer sich vielseitig orientiert, kann umsichtig reagieren.

Wenn wir Wahrheit, Schönheit und Güte erringen, entsteht etwas, das mehr ist als die Erdenwelt.

Hinein und wieder heraus

Ich muß mich zurücknehmen, um zu mir zu finden.

Wer weiß, daß er schläft, ist unterwegs zu einem höheren Erwachen.

Nur der Geist kann den Geist verneinen. An der Materie sieht man das. (Sie erscheint dadurch.)

Damit wir werden können, braucht es die gesamte Schöpfung.

Wo ist der Mensch frei? Im Ringen um das, was über ihn hinausleitet.

Falsche Tore schließen: Wollen wir Geistiges zu uns lassen, müssen wir Öffnungen zu Erniedrigendem zulassen.

In den Kopf mündet etwas Unbegrenztes herein. Aus dem Herzen strahlt es aus.

Erkennender Liebe weicht das Nichtige. Sie läßt an wahrer Dauer teilhaben,

Echte Stille ist Tönen reinster Lauterkeit.

Kaum zu fassen: Der Geist, größer als der Kosmos! Und im Menschen ist mehr enthalten als in der sichtbaren Welt.

Wer lernt, sich auf Wesentliches zu konzentrieren, wird nicht mehr so viel Unfug machen.

Im Innehalten stärke ich mich. So kann ich Schweres besser aushalten und allzu Verführerischem standhalten.

Gesichertes Werden

Was heißt überhaupt Denken? Daß wir über dem Haupt denken.

Innerlich aufrecht ist nur ein aufrichtiger Mensch. Er steht richtig für sich ein.

Den Tod können wir nur durch eine größere Wertschätzung des Lebens besiegen.

Ein Sprechen kann um so wirkungsvoller sein, je tiefer das Schweigen war, welches ihm vorausging.

Wer negativ denkt, belastet sich und die Welt.

Zunächst ist der Tod stärker. Irgendwann soll das Ich stärker sein.

Nur weil in der Mitte völlige Ruhe waltet, kann ein Rad sich zuverlässig drehen.

Umstülpung: Eine ganze Welt mündet ins Ich. Aus diesem geht neues Kosmoswerden hervor.

Die Pflanze blüht auf der Erde. Der Mensch erblüht nach dem Tode.

Meditation des Wortes: Es wird stets mehr zu einem sicheren Hort.

Bei der Imagination sind wir ganz Auge, bei der Inspiration ganz Ohr, bei der Intuition ganz Getast.

Immer wenn jemand stirbt, ist für eine Weile der Himmel offen.

Halt im Halt

Durch Meditation: Der Hörraum wird zu einem höheren Raum.

Das Schicksal gibt uns Halt im Leben - nicht selten auch dadurch, daß es eine Weile aufhält.

Nur was sich genug entwickelt, kann eine vergängliche Welt überdauern.

Mit meinem Denken nehme ich an dem teil, was die ganze Welt mitgeschaffen hat.

Warum existieren wir, was ist der Grund? Der Mensch muß ihn erst sichern: das freie Gründen im Geist.

Wenn wir anders werden, kommt uns auch anderes entgegen.

In unserem Herzen lebt das Kostbarste der Welt.

Im sinnenden Bezeugen wird das Denken immer mehr Zeuge des geistigen Erzeugers.

Je mehr wir ein Selbst sind, um so mehr können wir auch für Mitmenschen bedeuten.

Nur wer gebender wird, kann immer empfänglicher sein.

Liebendes Erkennen ist, was am reinsten den Weg vom Irdischen ins Geistige hinein öffnet.

Ewigkeit spielt beim Meditieren ins zeitliche Zurückhalten herein.

Verwirklichung

Materie erkennt sich nicht selbst. Das vermag nur der Geist.

Ohne die Vielfalt der Welt gäbe es keine Iche. Ohne Ich-Beteiligung geht die Welt, wie sie uns begegnet, nicht weiter.

Derjenige, der zu sehr von sich eingenommen ist, verkennt das Bedeutende in anderen.

Wir sind ein Entwurf der Weltenzukunft. Mit göttlichen Wesen zusammen läßt er sich verwirklichen.

Der Mensch kann nicht nur anderes verneinen, sondern auch sich selbst. Aber das ist unmenschlich.

Wird innerem Aufruhr nicht friedlich standgehalten, landen wir in äußerer Gewalt.

Lärm kann jeder machen. Stille müssen wir kommen lassen.

Beweis Gottes? Das sind wir selbst. Nur durch höchste Kräfte vom All ist unser Entstehen denkbar.

Wer bei Unrecht nicht weghört, der kann von Christus erhört werden.

Durch Lügen verstricken wir uns. Wahres wirkt befreiend.

Gott hält sich zurück. Manche Menschen möchten seine Stelle einnehmen. Das muß trotz der verdankten Freiheit mißlingen. Es geht nur gut mit ihm zusammen weiter.

Was tief im Herzen mitlebt, wird durch den Tod nicht verloren.

Ganz klar

Betrachtende Einsicht wird beträchtlichen Ärger ersparen.

Indem wir sinnliche Abhängigkeiten überwinden, kann Geistiges zu uns finden.

Bloße Außenreize erzeugen Langweile. Durch längeres waches Weilen nähert sich Wesentliches, das dauert.

Erst gab es einen Weltmenschen. Daraus entstanden viele kleine Menschen. Schließlich sollen diese wieder an einem großen bilden, jedoch für sich bestehen bleiben.

Jeder trägt ein Geheimnis in sich, das durch andere gelüftet werden kann. So dürfen wir uns wahrhaft finden. Freilich braucht es viele Anregungen oder gar Anstöße!

Wer meint, daß das eigene Gehirn die Gedanken produziert, leidet an Geistesschwäche.

Der Mensch ist von Natur aus immer mehr gefährdet. Gutsein wird eine zunehmende geistig-schöpferische Aufgabe.

Auf ein besseres Ende kann derjenige hoffen, der seine Zeit gut nutzt.

Was bezeugt modernes Eingeweihtentum? Die soziale Wachheit.

Erst wenn ich ganz klar - rein - in die Leere gehe, wird Erfüllung nachfolgen.

Das Über-All kann überall sein, wenn wir genug innehalten.

Gralspfad: Klares Denken wird reines Leben.

Aufstrebend

Weshalb kommen wir zur Erde? Wegen einem Wandeln mit ihr: dem Stirb und W-Erde.

Jeder Tag macht uns reicher – wenn wir bewußt leben.

Denkende Hingabe ist nötig. Viele haben einen so scharfen Intellekt, daß dieser sonst die einzig noch existierenden feinsten spirituellen Bezüge zerschneidet.

Je aufrichtiger ich bin, desto mehr geistige Aufrichtekraft zieht in mich ein.

Ein Vortrag über Meditation übers Mikrofon? Das ist ein Widerspruch in sich, elektronisches Beschallen statt echter Besinnung.

Mitte-Bildung: Die Höhe gibt Halt gegenüber der Tiefe. Die Tiefe gibt Halt gegenüber der Höhe.

Das eine Ich r-ich-tet sich am andern Ich auf.

Ist Meditation mühselig? Ihre Mühe beseelt das Innere und beseligt es.

Denken als geistiges Zeugen: ein bewußtes Begleiten dessen, woraus mein Wesen entstammt.

Seltsam? Ich bin der seltene, erlesene Same meiner selbst.

Je ruhiger es in uns wird, desto weiter reichen wir übers eigene Wesen hinaus.

Stillste Stille leitet zu dem hin, was ein ganzes All bewegt.

Bezeugung

Der Geist erfährt, was in der Seele vorgeht, die am Körper zu sich kommt.

Unser Lebenspfad wird schief, wenn wir keinen freien spirituellen Erkenntnis- und Übungsweg gehen.

Stoffe altern, der Geist jüngert.

In großen Kreisen mögen manche brillieren. In den kleinen gehts ans Eingemachte.

Wenn wir nicht genug für das Wahre eintreten, setzt sich Falsches leichter durch.

Konzentriere dich wach und klar auf Höheres. Dann lasse ganz frei los. So kannst du es gelöst und gelassen behalten.

Die Welt selbstet: Menschwerdung. Das Selbst weltet: Entwicklung des sich in geistiger Freiheit entfaltenden Ich.

Beim Nachdenken laufen wir dem Geistigen hinterher. Waches inneres Umwenden läßt es in Empfang nehmen.

Liebe als höchster Zu-Fall: Immer ist Überirdisches dabei, wenn sie tiefer wirkt.

Wir sind nicht nur Zeuge durch die Sinne. Mittels des bewußten Erkennens zeugen wir neuen Sinn.

Im Ich-Aufleuchten meditativ innehalten: Allmählich wird die kurze Weile zur längeren.

Alles, was bei uns neu anfängt, geht in die Zukunft der Erde.

Weises Wechseln

Wer im Moment die Ewigkeit erfährt, nur der kann richtig leben.

Was ist todsicher? Irgendwann geht der Tod jeden an.

Nur wer geistig tiefer gräbt, kann soziale Gräben überwinden helfen.

Im Kopf spiegeln wir uns selbst. In dem Herzen findet alles andere ein verstärktes Echo.

Durch geistiges Erkennen verbinden wir Sinnliches wieder mit seinem Ursprung.

Wechsel-weise: Ohne Tätigsein kein weisendes Besinnen, ohne Besinnen kein weises Tätigwerden.

Der kann immer reich bleiben, der geistig viel zu reichen vermag.

In der Nacht machen wir Platz, damit der ganze Kosmos erneuernd auf uns wirkt.

Ganz im Stillen ereignet sich das geistige Stillen.

Als Ideal: daß die letzte Stunde des Lebens uns zum besten Freund wird.

An unserem Alltags-Ich schafft die ganze äußere Welt mit, an unserem höheren Ich die gesamten Geistessphären.

Wird vor dem Tod immer mehr lieben gelernt, können wir nach dem Tod ganz Liebegebende sein.

Kapiert?

Erkennt der Mensch, was lebt, wird mehr daraus.

Jeder hat allein durch den Tod zu gehen. Geboren werden kann niemand allein.

Unser Bewußtsein bemerkt die Veränderungen in Raum und Zeit. Das Selbst nimmt diese wahr und trägt sie weiter.

Impressionismus: Die Welt kommt zum Ich. Expressionismus: Ich dringe hin zur Welt.

Ohne ehrliches Aufarbeiten der Vergangenheit gibt es keine heilsame Zukunft.

Gesang bändigt die Seelentriebe.

Wir können Göttliches erringen, weil dieses das zuläßt.

Was ist recht? Wenn jede Persönlichkeit zu ihrem Recht kommt.

Christus ist kein Oberster. Er unter-stützt all unsere positiven Bemühungen und läßt uns sonst völlig frei.

Wer sein Vermögen aus einer Plünderung der Welt bezieht, schadet letztlich auch sich. Denn ohne sie kann keiner sein.

Nur ein Sinn für Liebe führt uns zum Sinn des Lebens.

So viele Geister wirken am Selbst. Deshalb kann es eine ganze Welt beinhalten.

Mehr rein

Nicht das Geistige ist jenseitig. Die Menschen sind es im zu Irdischen.

Nur über einen Gang durch das Nichts kommen wir frei zum reinen Sein.

Wer unbedingt zur Geist-Erfahrung finden will, verhindert sie gerade. Die ist nur unbedingt zu bekommen.

Wenn n-ich-ts sonst mehr trägt, dann nur noch das Ich.

Schöpferische Veränderung wird nur möglich aus freier Kraft des Geistes.

Nichts ist für den modernen Menschen mehr selbstverständlich, sondern nur durch das Selbst verständlich.

Falls das Verhalten verhaltener wird, kann etwas dazutreten, das zu einer besseren Fortsetzung führt.

Indem wir das Ich stärken, leitet dies hin zu Geistern des L-ich-tes.

Mittels eines höheren Denkens kann ich im Höheren denken.

Wo wir gut mithören, entsteht eine Brücke vom Ich des anderen zu seinem Engel.

Die Stille ernährt mit geistiger Muttermilch.

Insofern wir reiner denken, erfüllt stets reichere Liebe die Seele.

Keine Kleinigkeit

Im Irdischen fällt auseinander, was im Göttlichen zusammengehört.

Durchs Christus-Kommen beginnt der Dialog Gottes mit uns Menschen. Beide gehen aufeinander zu.

Überall verdichtete Erde: Etwas entsteht, das hinausführt übers All.

Religionen sind menschengemacht, Gott nicht.

Nur die Verbindung zu Christus kann uns vor dem endgültigen Absinken bewahren.

Ohne den freien schöpferischen Menschengeist kommt die Weltentwicklung nicht zu einem guten Ende.

Christus heilt Wunden, für die es keine Medizin gibt.

Weil der Mensch göttliches Ebenbild ist, muß es auch ein Urbild geben.

Was bedeutet Christus? Daß das höchste Gute uns auch am nächsten sein kann.

Wenn die Gottheit keine grenzenlose Liebe besäße, könnte die Welt nicht weitergehen.

Durch die Beziehung zu Christus kann sich unser Leben immer wieder erneuern.

Der Mensch ist einzigartig durch Gott und unzulänglich ohne ihn.

Zu beachten

Leiden ist das Erlebnis des Getrenntseins von der göttlichen Welt, indirekt spüren wir sie also noch!

Nur wenn der Tod respektiert wird, kann das Leben gelingen.

Was sich in der Natur als Göttliches verbirgt, das tritt im Menschen hervor.

Sterne sind Blicke der Engel auf uns.

Die Schöpfung: der freilassende Weg zum Menschen. Der Mensch: der immer bewußtere Weg zu Gott.

Das größte Gut ist, gut zu handeln.

Auch die göttliche Welt individualisiert. Einzelne Menschen sind für sie wahre Sprachorgane.

Der Tod ist kein Verwesen, sondern ein Verwesentlichen.

Je mehr jeder für sich einsteht, desto näher ist ihm der Gott.

Wer sich läutert, kann im Kristall ein Christ-All erfahren.

Alle andere Bemühung war vergebens. Da half nur noch das Vergeben.

Je älter ich werde, um so jünger muß ich sein, um an Christus heranzureichen.

Zusammengehörend

Der Mensch ist Resultat der ganzen Welt. Diese bezeugt die Gefährdetheit unserer selbst.

Wir können es uns gar nicht leisten, nichts zu ändern. Dann werden die Belastungen immer größer.

Auch der Gedanke, der Mensch nähme keinen Einfluß aufs Klima, wirkt schon darauf ein.

Nicht nur Sonnenschein bringt Segen, auch die Nässe vom Regen. In der Natur beginnt es sich segensreich zu regen.

Jedes Individuum sollte so leben, wie es sich vor dem Ganzen von Menschheit und Erde verantworten läßt.

Sozial familiär: der väterliche Staat, die mütterliche Sprache und das kindliche Land.

Durch Erzählen geht Vergangenes in die Zukunft.

Nichts Irdisches genügt auf Dauer, weil wieder zum Schöpfer zurückgefunden werden soll.

Die Verstorbenen und Wiederkehrenden sind unsere Verbindung zum All.

Durch Christus können wir beständig mit Göttlichem vereint wirken.

Wenn mich jemand beim geistigen Erkennen wach erlebend mitnimmt, kann ich zu noch gesteigerteren Erfahrungen kommen.

Das Mysterium von Golgatha rettete die Vergangenheit. Der wiederkehrende Christus tritt uns aus der Zukunft entgegen.

Universelle Religion

Nur die Einfältigen fürchten sich vor der Vielfalt.

Christus als Mittelpunkt der Geschichte: Über sie kann er mit jedem von uns verbunden sein.

Ohne verehrenden Bezug zur höheren Welt verkommt die irdische.

Wenn sich unser Verstand genug abstrampelt, kommt irgendwann eine Engelvernunft hinzu.

Die Eindrücke der Sinneswelt sterben in uns hinein. Der Mensch kann wieder Weltensinn zurückgeben.

Auch das Böse hat seine Kraft vom Guten.

Der Tod weckt unser Gewissen für das Leben.

Was ich in den anderen opfere, kehrt als Weltgeschenk zurück.

Wenn wir uns Schwierigkeiten liebevoll aussetzen, werden sie leichter.

Wir scheitern uns zum Christus hin. Das macht immer offener für ihn.

Engel sind das Interesse Gottes am einzelnen Menschen.

In all dem lebt Christus, was uns wirklich mit der Welt weiterbringt.

Erdenstern

Materialismus heißt: Knechtschaft der Triebe. Christentum kann sein: Befreiung und Liebe.

Nur wenn wir Gutes tun, geht es uns besser.

In Christus wird der Mensch wirklicher, als er schon ist.

Wer Andacht pflegt, dem kann gelingen: daß Höheres herangedacht wird.

Reine Liebe vereint am meisten mit der Welt und mit dem Göttlichen.

Das Bewältigen von Schwerem führt zu Christus, nicht das Vergnügen.

Wenn Geist seiner selbst gewärtig ist, kann Gott anwesend sein.

Sinn darüber nach: Einen Sinn für das haben, was Sinn in unser Leben bringt – dreifach, nicht einfältig.

Christus ist schon ganz Liebe. Wir werden es erst.

Freie Mitarbeiter geistig-göttlicher Wesen zu sein, das gibt uns die schönste Erfüllung.

Wenn wir Gottesdienst halten, ist das für Engel wie ein Konzert.

Mitten aus der Erde wirkt Christus. Mit uns strahlt sein Wesen eine neue Welt hinaus.

Geflohen und gefunden

Wir sind alle Vertriebene: aus dem Paradies. Das ist unser Glück, sonst könnte nichts Ordentliches aus uns werden.

Ohne Gott wären wir nicht, ohne Christus würden wir nichts. Ohne den heiligen Geist wüßten wir das nicht.

Wenn wir zu unserem eigenen Lebensgolgatha stehen, kann der Messias nahetreten und es bewältigen helfen.

Wir leiden uns zur immer reineren Liebe des Christus heran.

Durch den anderen Menschen tritt uns ein Stück Himmel entgegen.

Im Zusammengehörigen zwischen uns, da lebt Christus!

Wer durch das Kreuz hindurchgeht, dessen Leben wird wieder märchenhaft.

Daß in jedem Menschen etwas Göttliches anwesend sein kann, ist wahre Christusbotschaft. Auf die Bezeichnung kommt es überhaupt nicht an, sondern auf eine Realität.

Per-sön-lich: mit dem Sohn zum wahren Ich – daß es durch mich zu tönen beginnt.

Nur wenn ich liebevoll mit anderen Menschen und der Welt umgehe, zieht Christus in mich ein.

Alles ist ein Vieles. Nur in Gott ist es eines.

Mit Christus zusammen steht alles auf einem neuen sicheren Grund.

Himmel und Hölle nah

Wir fallen, um Gott neu zu gefallen.

Wenn jemand zu sehr eilt, wird er den Engel verlieren.

Wer holen will, braucht etwas Hohles. Aber nicht Bodenloses, das wäre die Hölle.

Wäre die Welt perfekt, könnten wir nicht frei sein.

Unser Bemühen ist Teil des göttlichen Weltprozesses, nicht etwas davon Getrenntes.

Wo die Not am größten ist, kann die Hilfe am nächsten sein.

Der allzu Tugendhafte verhaftet die Tugend.

Schnell ist nur der Weg in die Hölle. Der Weg zum Himmel ist umständlich.

Sinn unseres Lebens: dazu beitragen, daß mehr Freiheit, Gerechtigkeit und Liebe in die Welt kommt.

Was ist geschwinder als die Zeit? Die Ewigkeit! Sie kann immer da sein.

Gnade ist die göttliche Entsprechung zur Freiheit.

Christus lebt zwischen dem Niederen und Höheren in uns. Wir dürfen nichts verleugnen, sondern sollen beides ins Gleichgewicht bringen, um gut voranzuschreiten.

Geschichtswende

Altertum: Das All verdichtet sich ins Selbst hinein. Neuzeit: Unser
Ich vollzieht eine Erweiterung in den Kosmos hinaus.

Nichts kehrt auf dieselbe Weise wieder. Jeder Moment ist
einzigartig, falls wir dessen bewußt sind.

Wie ein Samenkorn, das in die Erde fällt, nahm Christus den Tod auf
sich, um mit uns allen aufzugehen.

Ein Aussprechen des Wahren stärkt dieses. Falsches schwächt es.

Das Ich ist Anteil an der Gottheit in uns.

Der Christus bringt uns auf den Weg. Widersacher wollen
uns davon wegbringen.

Altes soll sich am Neuen ändern, nicht Neues am Alten.

Lieber unbequem und dann angenehmer. Nicht erst allzu schön und
immer katastrophaler.

Durch Christus lebt das Reich Gottes unter uns allen.

Reale Utopie? Dem Nirgendwo über viele winzige
Verwirklichungsschritte dennoch näherkommen.

Am eigenen Leid wachsen und sich für fremden Schmerz öffnen.
Beides zusammen führt zur größeren Freude.

Kosmisches wurde für unser Freiwerden vergänglich. Durch Christus
kann dem Menschen eine dauerhafte Allwerdung gelingen.

Am Ende gültig

Woraus sind wir geboren? Aus dem Herzen der Welt. Wofür
existieren wir? Dies zu erkennen und zu leben.

Alles hat seine Bedeutung. Ohne Böses würden wir das Gute nicht
genug ernstnehmen.

Wenn wir Göttliches im Menschen frei und liebevoll ansprechen,
kann dieses auch dabei sein.

Gäbe es das Böse nicht, um daran zu erwachen: Dann würde es böse
mit uns enden.

Der lebendige Geist wirkt nur im unmittelbar anwesenden Wort,
nicht über künstliche Kanäle.

Christus ist der Gott, der sich ganz zu uns neigt.

Nachdem wir uns lange scheinbar vergebens bemühten, war eine
Geduld zu gewinnen, welche die Fähigkeit des Vergebens
ermöglicht.

Gott läßt sich lange bitten, weil seine Gaben endlos sind.

Liebe ist das Ursprünglichste, Gegenwärtigste und Zukünftigste
zugleich.

Ohne Christus wäre das menschliche Existieren nicht denkbar.
Besinnen wir uns genug, entdecken wir ihn.

Wo der Mensch seiner Bestimmung folgt, da wirkt Gott.

Es braucht nicht einfach den Heiland, sondern ein neues bewußteres
Verhältnis zu ihm.

Nachkommen

Liebe ist schon Beziehung zu dem, wo wir hingelangen sollen.

Je ehrlicher wir an unserer Natur arbeiten, desto eher kommt uns auch die Gnade entgegen.

Der Gott ist überall nahe, wo wir ihn angemessen würdigen.

Die Tage beuteln uns vielfach stets mehr und um so segensvoller werden manche Nächte.

Echte Liebe ist immer ein Zusammenhang mit dem Christus.

Wer die Verbindung zum Göttlichen in sich pflegt, braucht weder Befehlshaber noch Untergebene.

Verstorbene: Wer gehen muß, geht uns voraus.

Christus wartet, daß wir uns mitbemühen. Dann greift er mit unter die Arme und macht Beine.

Wenn göttliche Wesen der Welt begegnen, dann leuchtet ein Gestirn auf,

Zu heiligenden Kräften kommen wir nur, wenn immer heilsamer auch mit dem eigenen Wesen umgegangen wird.

Christus als unsichtbares Zentrum. Jeder Mensch ein besonderer Strahl von dorther – und dorthin.

Die Liebe löst alles. Es ist nur eine Frage der Zeit.

Durch den Menschen

Gott hat uns hervorgebracht. Christus hilft beim Selbstbestehen. Der heilige Geist läßt das erkennen und weiterführen.

Der Engel von dir weist auf das Engelhafte in mir.

Neue Begleitung: Wenn wir uns ins Lebendige hinein wandeln, können wir mit dem lebendigen Christus wandeln.

Göttliche Liebe kann niemand besitzen. Sie ist unfaßbar.

Vor Christus schmilzt alles dahin, was Rang und Namen hat.

Der Mensch braucht nie am Ende zu sein, weil er bis an den Anfang zurückreichen kann.

Kein Prediger ist Christus. Er lebt seine Lehre.

Die Natur hat sich nicht selbst geschaffen. Der Mensch kann sie wieder mit dem Schöpfer zusammenbringen.

Wo sich der Weg ganz nach außen mit dem Weg ganz nach innen trifft, da begegnet unser Ich dem Göttlichen.

Christus ist die unsichtbare Sonne zwischen den Menschen.

Liebe bringt echte Wieder-Holung: ein Zurückerlangen des verlorenen Ursprungs.

Bezüglich Gottes ist nur zu staunen – wir stehen nicht darüber. Mit Christus läßt sich reden, weil er Mensch wurde. Mittels des heiligen Geistes können wir schaffen; er wirkt durch uns.

Mit Hindernissen

Wir sind soweit Mensch, wie wir vom Vergänglichen ins Unvergängliche übersetzen.

Bisweilen ist das Größte erst in der Einsamkeit wiederzuentdecken.

Luzifer ist der große Beschöniger, Ahriman der starke Verdunkler.

Was unseren Weg kreuzt, das ist oft unser Kreuz.

Ein Sieg des Bösen ist letztlich vernichtend.

Gute Geister sind so durchsichtig, böse Geister so undurchsichtig, daß wir beide ungeübt nicht sehen.

Wenn wir Richtiges anstreben, können zunächst Angriffe von allen Seiten kommen.

Wer versucht, immer wieder Gutes zu tun, gerät nicht so in Versuchung.

Anthroposophie ist Entwicklungshilfe für den inneren Menschen.

Wer Ahriman zu ernst nimmt und Luzifer zu locker, hat schon verspielt,

Das Durchschauen des Bösen ist etwas Gutes.

Um einen Weg zu schaffen, müssen wir das Verkehrte wegschaffen.

Unerschöpflich

Nur dieses Eine kann alles fassen: das Göttliche.

Glaubst du noch oder zweifelst schon? An veralteter Dogmatik. Zweifelst du noch oder glaubst du wieder? Durch neue spirituelle Erkenntnishilfen.

Gott hat das Nichtige zugelassen, damit wir uns frei zu ihm hinwenden können.

Grund vom All? Durch die Liebe, um sie zu bestätigen (Gründen und Begründen).

Vatergott: als Ermöglicher von allem. Sohnesgott: der Begleiter eines jeden. Heiliger Geist: uns aus den Irrungen befreiend.

Einsamkeit ohne den Christus kann eine Hölle sein. Mit ihm vermag sich Segensvolles vorzubereiten.

Die Bibel maßt sich nicht an, von Gott diktiert zu sein. Sie spricht ihn an und läßt sich auf ihn ein. Seine Rede ist die ganze Schöpfung.

Wenn zuviel Menschen an Lügen glauben, ist der Zugang zum Wahren gestört.

Ohne Christus hätten wir keine Nähe mehr zum Göttlichen. Und sie zu bewahren, das ermöglicht der heilige Geist.

Denksteigerung schafft neue Verbindung vom Geschöpf zum Schöpfer. Empfängliches Fühlen nimmt ein Antworten auf und der Wille bezieht das ins Handeln ein.

Christentum ist die freieste Macht überhaupt: nur durch das Wort wirkend.

Letztlich wird alles Böse einmal wieder nichts.

Mittlertum

Es gibt ein Tor zum Göttlichen in aller Welt: Das ist unser Ich.

Auch wenn immer wieder schmerzvolle Trennung geschieht: Von Christus brauchen wir nie wirklich geschieden zu sein. Selbst im Alleinsein ist er nah.

Wie gütig sind doch die Götter, daß sie so lang auch Falsches zulassen. Aber nicht zu lange!

Pforte der Ohnmacht: Wo es um Macht geht, sind wir noch nicht frei für Christus.

Über das Wesentlichste für unser Leben können wir nur in Liebe verfügen und nicht durch Gewalt.

Wer eine andere Religion mißachtet, verrät auch die eigene.

Christus ist die bedingungslose Liebe Gottes.

Der Geist wird Zeuge vom Zeugen des Zeugers (vom Sohn durch den Vater).

Christus: Der Mensch kann erhoben werden, weil sich Göttliches ganz auf ihn einließ.

Der Weltengeist schenkt sich an jeden Einzelnen hin. Erkennbar ist das durch Gegenseitigkeit.

Mittels eines Gotteswirkens wird der Mensch unvergänglich. Durch den Menschen kann Göttliches dauerhaft gewürdigt sein.

Ohne stärkendes Begegnen mit Christus wären wir verflackernde Sternenlichter.

Licht im Dunkel

Das Böse ist der Feind des Guten. Aber das Gute ist kein Feind.

Wenn wir nur Schattenhaftes sehen, haften die Schatten an uns.

Wer Böses beschönigt, paktiert damit besonders tückisch.

Nur wenn wir gegenüber dem Doppelgänger der anderen widerstehen, können wir ihrem wahren Wesen begegnen.

Die Anthroposophie gehört mit zu den wichtigsten Ereignissen seit dem Mysterium von Golgatha.

Wer zuviel an bloßen Zitatangaben hängt, schlägt freie schöpferische Geistigkeit tot.

Drogen sind Mittel, durch die Luzifer sich leichter an Menschen heranmachen kann.

Der Computer ist ein Gerät, durch das Ahriman einen besseren Zugriff auf den Menschen bekommt.

Hindernisse sind dafür da, daß sich in uns etwas öffnet.

Im Begrenzen des Dunklen stärken wir unser Helles und bewahren es erst richtig.

Wir brauchen ein immer größeres Geschick, um mit stets gehäuftem Geschick zurechtzukommen.

Es ist schrecklich, noch schrecklicher und mehr. Schließlich wird die Kohle zu Diamant.

Getrenntes vermählen

Sonderung von Gott um der Freiheit willen. Christus schlägt die neue Brücke. Der heilige Geist leitet uns hinüber.

Weshalb es die Welt gibt, kann nur so begründbar sein: als Wirken eines alles ermöglichenden Geistes-Liebes-Grundes.

Wenn ich das reinste Menschentum und naheste Göttliche zugleich denke: Dann findet sich am besten der Christus.

Die höheren Wesen sind sehr weit gegangen. Sonst könnte sich die menschliche Freiheit nicht richtig entfalten und bewähren.

Am wertvollsten: Christus macht unseren Wert erst voll.

Der Mensch bringt freies erkennendes Lieben in die Gotteszukunft ein. Mehr ist nicht denkbar.

Wenn wir Bedürftigen echte Hingabe erweisen, kann Christus uns zur Gabe gereichen.

Der Gottesgeist macht das Denken möglich. Daß wir auch falsch darüber denken können, bezeugt die Freiheit.

Wird etwas vom Wirken des Heilandes in die Seele aufgenommen, kann Heilsames auch für andere geschehen.

Die Gottheit hat sich zurückgenommen. Aber Christus ist dadurch in die Welt gekommen.

Wenn wir alles wüßten, könnte sich nichts mehr ändern. Wenn schon alles sicher wäre, blieben wir nicht frei.

Werdet kindlich in der Seele, damit Christus durch euch in die Welt strahlen kann!

Genau getroffen

Nur weil es das Gute gibt, läßt sich Böses durchschauen.

Neue Schriftgelehrte: Mit einzelnen Zitaten von Rudolf Steiner so umgehen, daß der Anthroposophie ihr lebendiger Geist ausgetrieben wird.

Manche rennen vor sich her, andere hinter sich. Manche schweben über sich, andere sinken unter sich. Manche rechten, andere sind nur linkisch.

Das darf nicht gefallen: Viele Menschen sind vor dem Bösen gefallen. So folgten Millionen Gefallene – auch die Opfer des Zweiten Weltkrieges.

Es gibt vermeintliche Obereingeweihte. Die wissen, wo ein Eingeweihter danebengelegen hat.

Fleißig werden Bücher über frühere Persönlichkeiten geschrieben sowie gelesen. Für wiedergekommene Individualitäten fehlt es an Kraft und Zeit.

Die Existenz der Computer bezeugt immer mehr, daß es Ahriman wirklich gibt. Aber auch: daß Luzifer uns darüber stets besser täuscht.

Rudolf Steiner macht darauf aufmerksam, um was es in der Welt geht. Manche hängen so am Wegweiser, daß er unkenntlich zu werden droht.

Hinter dem, was wir Wertvolles tun, lauern Ungetüme, die es wieder vernichten wollen. Nicht in Rage geraten.

Wenn der eigene Ehrgeiz wichtiger ist als die Anthroposophie, verkommt sie.

Luziferische Genüsse verfliegen. Was Schmerzlichem abgerungen wird, hat Beständigkeit.

Ein Eingeweihter ist daran erkennbar, daß niemand zu Genaues von ihm weiß.

Kundig künden

Der Ursprung kann nur von etwas kommen, das vorher schon da war. (Also keinen Anfang hat.)

Der Mensch ist die Nahtstelle zwischen Begrenztem und Unbegrenztem.

Voreiliges Frohlocken lockt allzu Gelockertes an.

Um den Geist zu beobachten, muß ich eins mit ihm gewesen sein.

Wer gehässig ist, hat die Gespenster längst ins eigene Seelenhaus gelassen.

Ahriman verfälscht, Luzifer geht falsch um mit dem Wahren.

Unser Ich ist das Allerkleinste und Allergrößte zugleich. Ja es verbindet beides.

Das aufsteigende Gebirge weist hinauf zu den Verstorbenen. Der Schnee darauf wird Zeugnis für die Ungeborenheit.

Anthroposophie ist der in Worte gebrachte Klang des menschlichen Herzens.

Mit den Engeln öffnet sich der Raum. Die Erzengel machen die Zeit lebendig. Und Geister der Persönlichkeit einen uns mit dem Ganzen der Welt.

Sich guten Geistern zuwenden, heißt ihr Wirken vermehren.

Liebe ist die umfassendste Ant-Wort der Welt. Vermittelt vom Logos – und dessen Weltenwort vermittelnd.

Kaum zu durchschauen

Das Böse kann nicht gut sein, aber zum Guten anregen.

Viel schlimmer als einen Fehler zu machen: sich darin
weiter zu verbeißen.

Manche versteigen sich, weil vor unbequemer Wandlung
davongelaufen wird.

Kunst der Mitte: Wer zu sehr festhält, zerstört. Wer zu schnell
losläßt, verliert.

Adolf Hitler brachte die Katastrophe des 20. Jahrhunderts; durch
Anthroposophie kam schon zuvor eine Rettung,

Wer Positives verstößt, dem hängen um so eher Widersacher am
Hals.

Recht verwirrend: Ahriman, der Lügengeist, sagt, er lüge nicht.
Luzifer, der Täuschergeist, sagt, er täusche.

Mit lebendiger Anthroposophie sind wir auch unter Anthroposophen
meist in der Minderheit.

Lügen haben häufig viel längere Beine als gemeint wird. Um so
verheerender ist aber dann der Fall.

Wenn ein Unrecht begangen wurde, gilt derjenige, der daran erinnert,
oft als böse.

Einige Anthroposophen wollen bestimmte Wiedergekehrte zwingen,
sich selber zu verleugnen. Es soll alles bequem bleiben.

Böses läßt keine Zeit, Gutes braucht Zeit.

Schwieriges Aushalten

Wer nicht lernt, rechtzeitig zu fragen, dem droht desto eher eigenes Versagen.

Ohne Liebe wird auch das Richtige falsch.

Würde ich mehr Ich sein, bekäme ich mehr Würde.

Die Nahestehenden sind oft zu nahe Stehende. Ein bißchen mehr achtungsvoller Abstand kann helfen.

Für nicht mehr endende Freiheit ist ein Gang durch die Bedrängnis verlangt.

Das eigene Ich vermag sich ganz individuell auf jedes andere einzustimmen.

Nur was mit uns geht, kann bei uns bleiben.

Liebe erlaubt die Überbrückung aller Gegensätze.

Was sich im Leid bewährt, bleibt für die Ewigkeit erhalten.

Ohne Humor wäre der Ernst des Lebens nicht zu ertragen.

Die Iche der Menschen lernen sich gegenseitig zu halten – indem sie einander immer besser aushalten.

Durch Liebe erfahren wir anderes Leben wie das eigene.

Beherzigenswert

Dicke Buchwälzer können Anthroposophie verdünnen. Die Walze rollt.

Luzifer: Du mußt erst etwas sein, um etwas zu machen. Ahriman: Du mußt erst etwas machen, um etwas zu sein.

Wenn es lichter wird zwischen uns, lichten sich oft die Reihen im Raum. Das Unangenehme ist deutlicher spürbar – was aber der Beginn eines Wandels sein kann.

Wer sich selber für bedeutsamer hält als die Verbindung zu anderen Menschen, ist durch Luzifer beeinflußt.

Das Böse ist zum Abgewöhnen, nicht zum Angewöhnen da.

Wem die Maschine wichtiger wird als ein Mensch, der ist von Ahriman beherrscht.

Anthroposophie öffnet uns den Himmel und verankert zugleich fester auf der Erde.

Luzifer möchte die Seele in seine Fänge bekommen. Der Schwere des Ahriman drohen wir leiblich zu verfallen.

Sich von allzu erhabenen und niederziehenden Tendenzen zu befreien: Dann wird Böses Nichtich und immer mehr nichtig.

Eine Welt-Notwendigkeit ist die Anthroposophie, kein Privatvergnügen enger Zirkel.

Böses erhält erst seinen Sinn, indem um so mehr Ausgleichendes ihm gegenüber entsteht.

Ein echtes Bereuen und Verzeihen läßt Dämonen im Boden versinken.

War es das?

Süchtig wird, wer nicht genug Suchender war. Nur letzteres
bringt richtig weiter.

Liebe ist bewußtes Begleiten dessen, was uns lebendig durchströmt.

Manche brauchen eine lange Weile, um von zuviel Eile wieder
loszukommen.

Für eine echte Kehre in der Seele ist es nötig, daß ich Falsches
aus ihr kehre.

All-Liebe? Liebe ist schon alles.

Das Lebensbedenken führt zu manchen Bedenken. Daraus können
sich ehrliche Wandlungen des Lebens ergeben.

Nach dem Zusammenbruch: Die Auszeit besteht nur aus Zeit.

Viel Liebschaft hat schon zahlreiche Liebende geschafft.

Ein Weg durch Wüsten kann helfen, Menschen wieder mehr
zu schätzen.

Lust ist nicht nur lustig. Ein Zuviel kann Ver-Lust bedeuten.

Die Liebe reicht in Himmlisches und bewältigt Abgründiges.

Altern: nicht bloß weiterleben, sondern mit mehr Weite leben.

Sich dauernd überprüfen

Wer dem Bösen standhält, kann das Wertvolle stärken.

Der Teufel chaotisiert - und durch gute Mächte kann Neues daraus entstehen.

Will man heute etwas geheimhalten, verbreitet es sich oft am schnellsten,

Sind wir zu geschäftig, kommt die geistige Welt nicht mehr an uns heran.

Alles kann durch den Menschen wirken - vom Niedersten bis zum Höchsten.

Manche schaffen sich ein Götzenbild von einem geistigen Lehrer, so daß er selbst nicht mehr herandringt. Andere Menschen wollen sie noch darunterzwängen.

Was ist gut? Sich von Kommendem leiten lassen und das Mitgebrachte umarbeiten.

Menschen, denen die Anthroposophie wichtiger ist als das Christliche, laufen im entscheidenden Moment davon.

Lieber ein ehrlich Suchender als ein verkrampfter Wissender.

Wenn schlechte Gedanken sich verbreiten, folgt viel Verbrechen.

Derjenige gilt oft als negativ, der Ungutes enthüllt. Dann bestätigt sich, wie verkehrt dieses ist.

Durch den Menschen kommt die Welt zur Erkenntnis ihrer selbst.

Das kosmische Drama

Gott läßt den Menschen vorübergehend allein, damit er sich selber werden kann.

Gute Andacht entsteht, wenn wir Wesentliches angedacht haben.

Die Gottheit hat wirklich etwas abgegeben. Sonst könnten wir nicht freie Wesen werden.

Der Mensch als Sinn der Götter: Sie bekommen dadurch auch einen neuen Blick auf sich.

Stärker als alles ist die Liebe. Und sie stärkt alles.

Wer eine Hand zu Gott hin reicht, die andere aber dem Teufel gibt, den droht es zu zerreißen.

Je bedürftiger jemand ist, desto eher kann ihm der Christus helfen.

Die Liebe zwischen Gottvater und Sohn zeigt das geistige Weisheitswesen der Sophia. Sie wird zur Bezeugerin davon.

Freiwillig gelebte Moralität schafft Substanz der Zukunft.

Das Antlitz ist der Blick Gottes auf den Menschen.

Wie läßt sich Christus erfassen? Nur aus voller Empfänglichkeit.

Liebe – und du kannst tun,was der Gott in dir will.

Echtes Gewinnen

Gewalt ist nie eine Lösung, auch wenn das scheinbar manchmal so aussieht. Es wird immer geschadet.

Der neue Sieg fängt mit Nieder-Lagen an. Allmählich ist darauf zu bauen.

Politik soll nicht polarisieren, sondern zwischen unterschiedlichen Einstellungen vermitteln.

Manch ein Mißgeschick führt uns erst hin zu einem guten Geschick.

Wer sich nie beschmutzen lassen will, kann nicht ordentlich schaffen.

Ohne jede Liebe ist der Haß. Doch läßt sich der Haß nur durch Liebe besiegen.

Wem der Einzelne gleichgültig ist, der kann auch nicht Menschheitsbelange verantworten.

Vergehen können nur mit Verzeihen und Versöhnen vergehen.

Wer geistige Konflikte nicht ehrlich zu bewältigen versucht, erntet irdische Kriege.

Zeitgemäßes Sozialverhalten verlangt ein friedliches Sich-Verständigen trotz kontroverser Positionen.

Es gibt nur einen wahren Gewinner: den Sonnensieg des Guten.

Ohne Liebe kein Friede. Nur sie ermöglicht Harmonie mit allem.

Todesbefreiung

Äußeres Dasein heißt eigentlich sterben. Wohin es weist, das führt zu wahrem Leben.

In der Liebe kommt das auf die Erde, wovon wir abstammen.

Nur wer Todesgrenzen achtet, kann vernünftig leben.

Freiheit ist zu uns gekommene Liebe. Und Liebe ist in die Welt gegangene Freiheit.

Der Vatergott hat uns verabschiedet. In Christus begegnen wir einander. Der heilige Geist führt alles neu zusammen.

Die göttliche Liebe bleibt nicht vor dem Bösen stehen. Sie nimmt es mit.

Im Moment wahrer Stille öffnet sich eine Grenzenlosigkeit.

Das Große unserer Zeit wirkt nicht im Spektakulären, vielmehr in den Feinheiten des Lebens.

Das reinste Gefäß für Göttliches können wir selber sein.

Nur mit Himmelskräften zusammen läßt sich die Erde retten.

Der Tod ist die größte Macht im Leben. Größer ist, was über den Tod hinausgeht.

Liebe wird zur Sonne unseres künftigen Daseins.

Besondere Sicht

Ohne Ich: Das Nichts ficht mich. Nicht angreifbar übers Ich: Mich fichtet nichts. (In Anspielung auf den Philosophen Johann Gottlieb F-ich-te.)

Zum Weitergang der Schöpfung: Menschen brauchen Gott. Aber auch Gott die Menschen. Beide begegnen sich in Christus.

Bedeutende Momente kommen, wenn wir - ohne Absicht darauf - heute möglichst gut arbeiten.

Der Mensch ist auf die Liebe zu geschaffen. Aber er schafft sein Leben auch nicht ohne sie.

Lachen kann nur ein Wesen mit Geist und Seele zugleich. Das läßt erstrahlen. Weinen zeigt, daß wir auch eine Physis brauchen.

Wer das Ich richtig entdeckt, findet seinen unabdingbaren Wert schon in sich.

Schmerz kann helfende Liebe auslösen. Und er ist durch sie auch besonders zu lindern.

Unser Denken entsteht, indem der Geist an der Welt erwacht. Im Rückbezug erfährt es sich selbst.

Wenn wir nicht gute menschliche Lösungen haben, macht die Elektronik alles schlechter.

Nur mit Christus ist sowohl das Alleinsein als auch das Zusammensein auszuhalten.

Wer für die Liebe lebt, der wird auch von ihr leben.

Das Ich ist die Direktverbindung zum Mittelpunkt des Alls.

Anleitende Ziele

Bloß Glaubende streiten. Wahrhaft Wissende sind einig.

Weshalb leben wir? Um mehr auf das Lebendige zu achten.

Viele sind mit dem Tun des Guten nicht zufrieden. Sie wollen besser sein und verlieren es.

Wo Liebe zwingend wird, löscht sie sich selber aus.

Nur wer eigene Fehler zu gestehen vermag, kann anderen vergeben.

Das Wesentliche der Person wirkt per Sohn: durch den Christus.

Wir haben mehr Zeit, sobald die Ewigkeit gegenwärtiger ist.

In der Liebe sind wir den Göttern nahe. Das Weltenziel leuchtet auf.

Den Christus können wir nur über das Gegenüber erreichen.

Intensiv erleben ist schon ein Stück Todesüberwindung.

Christus wirkt, wo nichts mehr zwischen uns steht – der soziale Raum also frei und offen ist.

Eine gottlose Welt kann durch desto überzeugendere Liebe gerettet werden.

Verlorenes wiedererlangen

Zunächst müssen wir das Geistige in uns erkennen, dann ist es auch überall im Sinnesbereich zu entdecken.

Erst Moneten statt Geist? Ohne fruchtbare Kultur geht auch noch das tägliche Brot verloren.

Wer zu spät beginnt, hat es stets schwieriger.

Der Mensch kann nur zum Göttlichen finden, wenn dieses sich auch ihm nähert. Sonst würde er sich verlieren.

Derjenige, der zuviel in Maschinen aufgeht, geht selber unter.

Seit Christus müssen wir nicht mehr auf das Höchste warten. Es geht nur noch ums genügende Sich-Orientieren daran.

Die Welt braucht unseren tätigen Gesinnungswandel. Sonst ist sie nicht zu retten.

Krankheit kann wiederbringen, was uns durch eine falsche Lebensführung entschwinden müßte.

Wird stetig nach Wahrheit gestrebt, sind wir auf dem besten Weg zu Christus.

Früher mehr so: Die Geprüften werden begnadet. In Zukunft eher umgekehrt: Die Begnadeten werden geprüft.

In den Kindern ist der Himmel noch offen. Mittels sozialer Hingabe schließt er sich neu auf.

Durch den Menschen wird die Schöpfung zur offenen Wunde. Diese ist in praktizierter Christusverbindung wieder zu heilen.

Enthüllend

Was ist das Wesentliche im Leben? Ein Erkennen der Liebe und die Praktizierung hiervon.

Richtiges Ich: Es richtet sich auf Wichtiges aus – als Richt-Ich.

Der Trieb zur Liebe ist oft sein Gegenteil: anderen noch Leid zufügen.

Die schlimmste Gier: das Ego-Tier.

Nichts ist notwendiger als die Liebe. Nur sie kann größte Not wenden.

Sucht: Man sucht Falsches, welches abhängig macht und nicht befreit. Letzteres kann nur das Wahre.

Unser Selbst verwirklicht sich in der Verbindung von Freiheit und Liebe.

Das Ich west. Die Seele webt. Und der Leib wirkt.

Liebeskunst: die Leichte des höheren Seins und die Schwere der Gegenwart stets neu ins Gleichgewicht bringen.

Wer Liebe nicht wagt, kann sein Leben nicht bewältigen.

Was wir im Fühlen erleben, gilt es mit dem Denken zu begreifen und vom Willen zu festigen.

Liebe ist reines Geben - und trotzdem kann ich mehr bekommen.

Worauf hinorientiert?

Der heilige Geist als das weibliche Gesicht und Christus als Sohn unserer Gottheit. Diese hat etwas Uraltes und wir Menschen sind noch sehr kindhaft.

Ohne Sündenfall gäbe es keine Freiheit. Doch bedürfen wir auch seiner Überwindung, sonst bleibt sie nicht erhalten.

Fundamentalisten genügt kein äußerer Tyrann. Sie wollen noch die Gottheit als solchen erscheinen lassen.

Nach der guten alten Zeit: Das Schöne ist des Schrecklichen Anfang. Andere Zeiten: Schrecken als Beginn neuer Schönheit.

Sich den ahrimanischen Zeitverhältnissen zu beugen, überfordert uns. Durch zuviel luziferischen Ehrgeiz überfordert jeder sich selber.

Die ganze Welt ist Abbild des Göttlichen. Ohne dieses könnte der Mensch nicht zum freien Ebenbild werden. Er vermag es aber nur zu bleiben in neuer Verbindung mit dem Urbild.

Im N-ich-ts trägt nur das Ich. Nichtiges geht in den Tod.

Je tyrannischer jemand ist, von desto mehr Ängsten wird dieser Mensch begleitet.

Nicht allein, nur mit dem heiligen Geist kommen wir aus unfreien Erdengebundenheiten heraus.

So ist es zumeist noch: In der Seele träumen wir. Den Geist verschlafen wir. An der Welt erwachen wir immerhin.

Ein Ich zu haben, was heißt das? Sich öffnen für den Weltbezug des Christus.

Einfachheit gibt Stärke.

Der Weg zum Kern

Schon echtes Interesse ist ein Geschenk für den anderen Menschen.

Wer dauernd nur Zeit sparen will, macht immer weniger aus seinem Leben.

Ehrlichkeit braucht viel Bemühung, aber trägt am längsten.

Wer Unvollkommenheit spürt, bezeugt dadurch schon, daß es noch mehr geben muß.

Tieferer Wortzusammenhang: Haß macht häßlich.

Was uns fehlt sind Köpfe, die den Weg zum Herzen finden.

Wer sich bloß treiben läßt, hat bald viel Last aufgeladen.

Zu brutal: Nur durch Schaden wird man klug. Aber sehr wohl: Ein jedes Scheitern macht gescheiter.

An guten Gedanken arbeitet das Herz mit.

Um Lösungen zu finden, dürfen wir uns nicht verkrampfen. Es gilt in eine gelöstere Stimmung zu gelangen.

Wer die Liebe festhalten will, dem geht sie verloren.

Wenn wir herzlich sind, blüht die Seele auf.

Eins und alles

Nur wer Liebe in sich weckt, wird ihr auch in der Welt begegnen.

Was übermäßig Gefallen findet, kann bald schon gefallen sein.

Trumpft jemand als großes Ego auf, steckt meist ein sehr schwaches Ich in ihm.

Geglätteter See der Seele: Nur in der inneren Ruhe können wir uns richtig sehen.

Aktives Denken kann Wut besser verarbeiten.

Mit Liebe bewältigen wir alles und werden immer mehr zu ihr.

Ohne das Ringen mit Unvollkommenem gäbe es keinen Weg zur Freiheit für uns.

Echte Hin-Gabe macht Anteil-Nahme möglich.

Je mehr wir miteinander zu tun haben, um so mehr Liebe ist möglich, wird aber auch nötig.

Geist verbindet uns mit allem. Die Seele ist bei jedem Menschen einzigartig.

Wer seine Würde auch in der schrecklichsten Situation nicht vergißt und aufgibt, der kann besser oder überhaupt nur bestehen.

Liebes-Mehr: Je liebevoller ich daraus schöpfe, desto erfüllender das Meer.

Zunehmend beständiger

Immer rapider schreitet der Fortschritt voran and läßt uns bangen.

Angst vor Fremden hat, wer sich selber fremd ist.

Der Sinn unseres Lebens entsteht vor allem durch das, wofür wir uns einsetzen.

Aufrichtige Freundschaft richtet immer auf.

Indem ich denke, setzt sich der Geist in Bewegung.

Niemand kann auf Dauer an sich vorbeileben. Der Tod holt uns zurück.

Sich ergänzender Widerspruch: Jeder ist ein Teil vom Ganzen. Jeder hat Anteil am Ganzen.

Fremden Geist kann nur erkennen, wer eigenen hat.

Wer Christus findet, der hat auch alles andere. Wer nicht, der verliert auch alles sonst.

Beständig halten kann ich mich nur an das, was mein Wesen geistig stärkt.

Was ist das größte Geschenk der Welt? Daß Christus sich uns allen zur Verfügung stellt - sofern wir offen sind dafür.

Das Böse scheint auf die Schnelle zu triumphieren. Auf lange Sicht aber wird das Gute stärker.

Entsagen

Schreibend kommt der Mensch mit sich selbst ins Gespräch, lesend mit dem Geistigen des anderen.

Die Welt als lebendiges Buch. Darin existieren soviele Seiten, wie es Menschen gibt.

Gedanke ist Wesen, Sprache sein Kleid.

Der gute Leser macht seine Lese: trägt das Wertvolle von vielem zusammen.

Schreiben kann helfen, unerträgliche Situationen ertragbar zu machen (zum Beispiel einen Gefängnisaufenthalt).

Dicke Bücher breiten den Geist manchmal so aus, daß er kaum mehr in der Verdünnung zu finden ist.

Gute Dichter lösen uns von dunklen Verhaftungen.

Aphorismus: weil der Geist sogar große Sprünge machen kann.

Wo Liebe dabei ist, dürfen wir mit Worten viel sparsamer umgehen.

Aufmerksamkeit: Im Hinschwinden des aufgenommenen Wortes kann Geistiges neu erstehen.

Es sollte vor allem über das geschrieben werden, worüber sich nicht sprechen läßt.

Der Schreibende ist nun am Schreibende.